une élection Américaine

Texte et photographies de Loo hui Phang
Dessin de Philippe Dupuy

Futuropolis

Pour Andrew et Fred.

Remerciements :
Amy, Andy, Billy, David, Gabe, Joanne, Josh, Joyce, Larry, Liz, Luke, Norbert, Pinche.

Conception et réalisation graphique : Didier Gonord pour Futuropolis.

Cet ouvrage a été imprimé en avril 2006, sur papiers Munken Pure de 130g et Périgord 150 g.
Imprimé chez Lesaffre à Tournai, Belgique.

Dépôt légal : mai 2006
ISBN : 2-75480-055-7
717066

« L' Amérique,
c'est comme un grand adolescent.
On a envie de le protéger
et en même temps
de lui donner des claques. »

(Sherman Alexie)

C'était l'année dernière. Andrew nous accueillait trois jours chez lui à Tucson, Arizona. Le dernier soir, il nous emmena dans un endroit « un peu spécial ». À la sortie de la ville, perdu au milieu d'une zone industrielle envahie par le sable, se trouvait un club fréquenté par les gays mexicains. Le bâtiment était sommaire et ressemblait à un bunker décoré de guirlandes électriques. L'ambiance y était bon enfant. Les hétérosexuels non-mexicains y étaient également bienvenus. Au fond de la salle, nimbée d'une lumière bleue donnant l'impression d'évoluer dans un gros aquarium, une petite scène était figurée par quelques spots colorés et une boule à facettes. Quatre rangées de chaises en plastique lui faisaient face. Tous les samedis avait lieu un numéro de drag queens. Celles-ci étaient diablement sexy et plutôt grasses, moulées dans des robes bon marché et couronnées d'ondoyantes perruques. Elles se changeaient derrière un paravent de fortune, à côté de la scène. Leur répertoire s'étendait des tubes des années 80 aux classiques de la variété mexicaine. Elles y mettaient tout leur cœur. Et cela fonctionnait. De leurs lourds basculements de hanches émanaient de véritables moments de grâce. J'ai toujours voulu retourner à ce club. J'annonçai à Andrew que je reviendrais à l'automne avec Philippe pour filmer les drag queens mexicaines. Andrew me proposa de venir à la fin du mois d'octobre, pendant l'élection présidentielle.

3 novembre 2004

Country club av.

Andrew est né à Milwaukee, Wisconsin, il y a une quarantaine d'années. Un héritage fortuit a financé ses études à Yale. Il n'a jamais cessé d'étudier, où qu'il se trouve. Il parle couramment le français et l'espagnol. Son arabe et son portugais sont en cours de perfectionnement. Andrew ne reste jamais trois semaines de suite au même endroit. Sa vie professionnelle, sentimentale ou affective l'entraîne toujours ailleurs. Andrew aime le vélo, les voyages et les garçons. Il s'est spécialisé dans le cyclisme touristique pour gays. Il vit à Tucson depuis quelques années.

Dans le désert

Nous atterrissons à Tucson
une semaine avant l'élection présidentielle.
Le lendemain de notre arrivée,
Andrew nous propose d'aller marcher dans le désert.
Il y a une promenade magnifique
le long d'une rivière.

En professionnel de randonnées sportives, Andrew s'équipe de barres énergétiques et d'une multitude de gourdes en plastique fluo remplies d'eau. Il nous demande si nous aimons les chiens. Je réponds que je les préfère à point. J'ai gardé un excellent souvenir du splendide chien d'élevage que j'ai mangé il y a quelques années au Laos. Andrew nous emmène chez Joyce, sa mère, qui habite quelques maisons plus loin. C'est une pimpante divorcée qui partage une élégante maison avec un chat, Pinche (qui signifie « putain de… » en mexicain), et un chien, Luke. Celui-ci souffre d'hyperactivité, ou plutôt son entourage souffre de son hyperactivité. Il ne faut pas moins de trois personnes pour s'occuper de lui. Il provoquerait une crise cardiaque chez un marathonien. À notre arrivée, il accourt en sautillant comme un pop-corn. C'est un petit bâtard tout en nerfs. Le chat, lui, est un eunuque grassouillet et timide. « Kitty kitty ! Kitty cat ! », hurle Andrew avec une voix suraiguë pour l'extirper du dessous du lit. Luke est surexcité. Il sait que nous l'emmènerons près de la rivière. L'une des deux voitures d'Andrew est un vieux modèle décapotable. Luke me piétine les cuisses pour s'appuyer sur le tableau de bord. Je lui tâte les flancs en me disant que celui-là, je ne le mangerai pas. Nous traversons un des plus beaux quartiers de Tucson, implanté dans un dédale de rues chaotiques et poussiéreuses. De coquettes maisons des années 50 sont perchées sur des collines, cachées derrière de luxuriants jardins de cactus. Cela a l'air sauvage. C'est justement cela qui fait de l'endroit un quartier luxueux.

Nous arrivons rapidement dans le désert. Le climat est doux. La ville étant située à une altitude de 730 mètres, elle jouit de températures plus fraîches que Phoenix. Andrew nous dit que sur les sommets des monts qui cernent Tucson, il est possible de faire du ski, l'hiver. À leurs pieds s'étendent d'immenses plaines de cactus et de cailloux. Nous pouvons voir ce paysage tel qu'il a toujours été, avant la construction de Tucson, avant l'arrivée des colons. « Tucson », ou « Tohono O' Odham », vient de la langue Pima et signifie « pied de la montagne sombre ». Ses premiers habitants étaient des missionnaires espagnols. Avec ses 700 000 âmes, Tucson est la deuxième ville de l'Arizona, après Phoenix. Ancienne capitale minière, elle n'a cessé de croître grâce au Sunbelt - la ceinture de soleil tant prisée par les retraités - et du tourisme. En 1939, le tournage du film *Arizona*, de Wesley Ruggles a donné naissance à Old Tucson. Remodelé, le lieu servit de décor à quelques westerns : *Rio Bravo, Winchester 73, Règlement de comptes à OK Corral, Rio Lobo.* Contrairement au reste de l'Arizona, Tucson est démocrate. Andrew fait courir Luke derrière la voiture pour le fatiguer. Cela devrait le calmer quelques minutes.

Un petit sentier nous mène jusqu'à la rivière. Andrew nous montre un nid d'oiseau, installé sur la branche d'un cactus. « C'est commode, aucun serpent ne peut monter pour manger les œufs. En revanche, c'est moins pratique quand les oisillons apprennent à voler. Il ne faut pas qu'ils ratent leur décollage sinon, ils s'empalent sur les épines. » J'imagine la scène avec effroi. Cela ferait un formidable tableau symboliste : *L'Innocence, dans un élan d'émancipation, crucifiée par ce qui la protégeait.* Dans le fond, c'est un peu l'histoire de notre vie.

La rivière est à sec. Nous pouvons marcher sur les énormes blocs de pierre blanchie qui délimitent, en temps normal, un somptueux bassin naturel. Devant nous, allongé de tout son long sur une roche chauffée par le soleil, se prélasse un cow-boy entièrement nu. Il se retourne à notre approche, replace son Stetson sur sa tête et nous adresse un large sourire. « Rick ? » Andrew s'avance vers lui et le serre dans ses bras. « C'est un de mes clients, nous dit-il. Il faisait partie d'un groupe de touristes homos que j'ai accompagnés

deux années de suite en Australie. Son chapeau de cow-boy a fait un tabac dans les bars gays de Sydney. » Nous saluons Rick. C'est étrange de serrer la main d'un inconnu complètement nu. Heureusement, Rick est très à l'aise. Andrew nous informe que son ami a plus de cinquante ans et qu'il va tous les jours à la salle de gym, ce qui explique sa superbe musculature. Il est indéniable qu'il porte très bien le chapeau.

Nous marchons quelques kilomètres le long du lit asséché. Andrew a oublié de nous préciser que nous nous trouvons dans un haut lieu de rencontres et que ce magnifique parc naturel sert à l'occasion de baisodrome en plein air. Il y a une semaine, Andrew a surpris un couple en plein ébat, derrière un buisson. Mais pour l'heure, l'endroit est désert et nous ne dérangerons personne. Nous nous asseyons au bord d'une mare d'eau stagnante que la lumière a rendue turquoise. Andrew fait la distribution d'eau et de vivres. « Il faut aller là-haut. » Andrew désigne un piton rocheux, le point culminant de la balade. Luke trotte devant nous, inépuisable. Au fur et à mesure que nous nous approchons du sommet, le vent se fait plus violent. Nous devons nous accrocher à la paroi pour

ne pas basculer. En haut, la crevasse s'ouvre à nos pieds comme une plaie béante. Autour de nous, une multitude de cactus se dresse depuis plusieurs siècles. Il faut soixante-dix ans pour former un moignon, selon Andrew. Nous pouvons faire le compte. Nous pourrions rester là, attendre que la tempête électorale disparaisse. Bush ou Kerry, il semble que cela ne changerait rien à ce que nous voyons, les collines s'étirant à l'infini, la poussière, les rochers blancs. Et nous pourrions compter nos cactus jusqu'à la fin des temps.

Nous rentrons en début de soirée. La promenade n'a pas eu raison de l'excitation de Luke qui prend de nouveau mes cuisses pour un terrain de jeu. Nous avalons rapidement quelques bagels avant la réunion de Andrew. Ce soir, il doit assister à un stage pour volontaires démocrates. Nous terminerons la soirée dans un bar gay du centre-ville. Andrew dit que le club mexicain a changé, qu'il est devenu très branché, très quelconque. Nous trouverons nos drag queens ailleurs, Tucson ne manque pas d'endroits pour cela.

Phoenix

Lorsque l'on parle de Phoenix, je pense immédiatement à *Liaison fatale*, film reaganien par excellence.

On y apprend qu'il est dangereux de copuler en dehors du mariage et que l'adultère peut provoquer l'assassinat de votre lapin par ébouillantage. D'ailleurs, à la fin du film, Michael Douglas élimine Glenn Close d'un coup de carabine et retourne tranquillement auprès de sa femme en se disant qu'il vaut mieux continuer à être fidèle et à croire en Dieu.

J'ignore si les habitants de Phoenix sont fidèles, mais tout porte à croire qu'il n'y a pas que l'adultère qui les effraie. En réalité, la ville semble vidée de toute forme de relation humaine ou sociale. Bâties au milieu du désert, Phoenix et ses villes limitrophes forment une mégapole de 2590 km^2. L'immense étendue d'asphalte emmagasine la chaleur du soleil. La pollution et le bracelet montagneux qui entoure la ville et empêche tout mouvement d'air créent un dôme de chaleur suffocante. Il pleut rarement à Phoenix. Souvent, l'eau s'évapore avant d'atteindre le sol. Dans le quartier des affaires, certaines rues sont équipées de brumisateurs pour permettre aux gens d'atteindre l'entrée des restaurants et des commerces. S'écarter de ces chemins balisés est impensable. On s'effondrerait au bout de quelques minutes, terrassé par la déshydratation. La température est telle qu'il est impossible de circuler à pied. Il est rare d'apercevoir une silhouette humaine dans les rues de Phoenix. C'est une population de véhicules fermés et climatisés qui circule en ville. Le tissu social s'est rétréci au simple rapport de nécessité. Les gens se croisent et ne se rencontrent pas. Phoenix me fait aussi penser à *La Nuit des morts vivants.* Cela pourrait également être une bonne représentation de l'enfer.

Phoenix est républicain, comme le reste de l'Arizona. Ses habitants détestent Tucson qu'ils trouvent plouc, et les habitants de Tucson détestent Phoenix qu'ils trouvent « dégueulasse, absolutely dégueulasse ». Il y a quelque chose de très kitsch années 80 à Phoenix. La période Reagan et son fantasme de réussite économique hantent encore le quartier des affaires à l'architecture arrogante et ringarde. Toute la quintessence de l'esthétique *Dynastie* est là : pompeux bâtiments de verre et de métal, lignes agressives, angles aigus à foison. En réalité, Phoenix fait non seulement penser à *Liaison fatale*, mais aussi à ce que les années 80 avaient de pire : le matérialisme, le culte de la puissance, *Working girl* et les vestes à épaulettes de Melanie Griffith.

Le seul comportement anti-français que nous ayons constaté aux États-Unis eut lieu à Phoenix, l'année dernière. C'est une simple constatation. Une hôtesse d'Avis, avec le plus grand sourire, disait trouver notre accent français ridicule et se demandait comment nous pourrions nous débrouiller dans son grand pays avec notre piètre capacité à parler sa belle langue.

La même année, un autre incident désagréable eut lieu à l'aéroport de Phoenix. Depuis les attentats du 11 septembre, les mesures de sécurité se sont multipliées et les vols intérieurs ne sont pas exempts de fouilles minutieuses. Bagages, chaussures et ceintures sont passés aux rayons X. Les voyageurs en transit passent leur temps à traverser les halls des aéroports en chaussettes, en retenant leurs pantalons. Entre Phoenix et Las Vegas, Philippe a vu un douanier vider son sac pièce par pièce. Nous nous tenions à trois mètres de lui, entravés par un cordon de sécurité. Nous n'étions pas autorisés à intervenir, juste à observer, affligés, le programme anti-terroriste en action. C'était au retour du Comic Convention de San Diego. Le sac était rempli de livres, de figurines idiotes et fragiles. Philippe avait tout enroulé dans des vêtements. Le douanier examina tous les ouvrages page par page, déballa les jouets comme s'il s'agissait d'objets potentiellement dangereux. Il n'y avait pas de manuel de pilotage dans le sac, mais quelques spécimens de livres underground. Nous appréhendions le moment où il ouvrirait le carnet de croquis de Julie Doucet, à la page des phallus turgescents. La fouille dura vingt-cinq minutes. Pour finir, le douanier éplucha *Lipstick Traces* de Greil Marcus, traduit en français, soit un livre sans images écrit dans une langue qu'il ne comprenait pas. Avant de refermer le sac, il rédigea un rapport, long et détaillé, qu'il fit relire à un collègue. Le travail de Julie Doucet avait dû le marquer. Le collègue jeta un regard désapprobateur sur les ouvrages. Les quinze kilos de livres et d'objets furent remis à la hâte dans le sac. Nous n'avons eu à subir un tel traitement dans aucun autre aéroport. Cela aussi, c'est une simple constatation.

Il y a également des gens charmants à Phoenix. Au moins deux. Pour l'unique nuit que nous devions passer là-bas, nous avons échoué dans un motel minable, au bord de l'autoroute. Un petit bassin rempli d'une eau trouble et garni de flamants roses en plastique trônait au milieu du parking. L'établissement était tenu par un vieux bedonnant au

marcel imbibé de sueur, et par son assistant, un adolescent métis au visage ravagé par l'acné. Le patron mettait beaucoup de silences entre ses mots. Il semblait être sur le point de mourir de suffocation à chaque instant. Nous avions traversé quelques endroits sordides au cours de ce voyage – notamment une station-service perdue au milieu du désert entre Phoenix et Tucson. Le motel au bord de l'autoroute était pire que cela. Étrangement, nous y avions passé un moment agréable.
Le père d'Andrew vit à Phoenix, sa mère à Tucson, ce qui résume assez bien leurs positions politiques.

Chez les démocrates

> Deux jours après notre arrivée à Tucson,
> Andrew nous entraîne au quartier général démocrate
> où, depuis plusieurs semaines, il travaille bénévolement
> deux à trois heures chaque soir.

La zone n'est pas spécialement huppée. Les maisons sont de plain-pied et recouvertes de crépi orange. Le quartier général des démocrates se distingue par son panneau en bois peint : « Democratic Headquarters ». Philippe et moi inscrivons nos noms sur la liste des volontaires. À la case « quartier », nous écrivons « France ». Nous sommes les seuls à le faire. La pièce principale est grande et encombrée de cartons remplis de papiers. Sur un grand téléviseur, sont retransmis alternativement le match de base-ball dominé par l'équipe de Boston et les résultats des sondages présidentiels. Depuis qu'un commentateur républicain a prédit que John Kerry serait président le jour où les médiocres Red Sox de Boston gagneraient le championnat, les démocrates espèrent la victoire de ceux-ci. Une vague odeur de cuisine émane de la pièce du fond. Comme dans une colocation, chacun a rempli le frigo de ses denrées personnelles en y inscrivant son nom. Diverses

boissons et autres barres chocolatées en quantité gargantuesque sont prévues pour la communauté. Une vingtaine de personnes s'affaire à différentes tâches : tri, appels téléphoniques, rangement. Toutes les générations et les classes sociales sont confondues. Certains volontaires viennent même en famille, avec leurs enfants. Cela ressemble à la préparation d'une kermesse.

Une dizaine de téléphones portables est distribuée aux volontaires préposés aux conversations téléphoniques, dont Andrew fait partie. Ceux-ci sont chargés d'appeler les personnes inscrites à Tucson comme démocrates ou indécises, pour les inviter à voter le plus tôt possible. Beaucoup de gens ignorent qu'il est possible de voter avant le 2

novembre dans les différents bureaux prévus à cet effet. Le taux d'abstention des États-Unis est un des plus forts au monde, le second après la Suisse. Or, cette année, on constate un regain d'intérêt pour l'élection présidentielle. 16 millions de nouveaux électeurs se sont inscrits, les instituts de sondages prévoient 70 % de participation. Mais la tendance varie chaque jour en faveur de Kerry ou de Bush. Depuis plusieurs semaines, le match est serré et aucun des deux candidats ne parvient à prendre radicalement la tête. Chaque camp compte alors sur les voix des indécis qui représentent 4 à 5 % des électeurs. La Floride, la Pennsylvanie, l'Ohio, le Michigan, appelés « swing states » à cause de l'indécision de leur électorat, sont au centre de toutes les convoitises. Tous les moyens sont employés pour faire fléchir la barre : porte-à-porte, appels téléphoniques, concerts de mobilisation…

On nous installe à une table pour trier des prospectus. Un couple de personnes âgées, Tom et Rosella, nous expliquent qu'ils ont consacré la soirée dernière à remplir les

dépliants que nous sommes maintenant chargés de vider. Je suis assise à côté de Tom. Rosella feint la jalousie en disant qu'il ne faut pas toucher à son mari, qu'elle le protège. Elle se déplace avec un déambulateur. Tom semble à peine plus valide. Ils nous parlent de leur fils de trente ans qui vit à Boston et qu'ils aimeraient marier. Une femme nous rejoint, Tonie. Elle a une cinquantaine d'années et une allure assez juvénile avec sa joyeuse chevelure permanentée. Le travail est assez fastidieux, ce qui encourage la conversation. Tonie tient une boutique de « curiosités », à côté de l'université. C'est un terme coquet pour désigner ce qui se situe entre une brocante et un débarras. Tonie est profondément démocrate mais son mari approuve la politique de Bush. Elle tient son mari pour un homme intelligent et ne s'explique pas son attitude. Il ignore tout de ses activités politiques nocturnes. Ce soir, quand il lui a demandé où elle se rendait, elle lui a répondu qu'elle allait faire « quelque chose d'intéressant ». Ce soir, chacun interrompt ses activités pour voir l'éclipse de lune. C'est le seul événement qui détourne un peu l'attention des élections. On m'autorise à filmer en toute liberté, y compris les cartes de la ville placardées sur les murs, montrant à l'aide de codes-couleur les différents territoires gagnés ou perdus à la cause des adversaires.

Le soir suivant, je retourne au quartier général avec Andrew. Je recroise Tom et Rosella. Celle-ci me montre une série de photos prises lors du dernier meeting démocrate – un pique-nique très informel, en réalité. On peut y voir Eva Bacal, la candidate

démocrate pour l'Arizona, en t-shirt. Tom et Rosella semblent être de grands activistes. Notre table a pour mission de re-remplir les dépliants vidés la veille. Comme le dit une des jeunes volontaires « l'important est de rester mobilisé, chacun doit rester actif, se sentir utile, et puis ça renforce le lien social ». Tom n'arrête pas de râler en disant que tout cela n'a pas de sens. Mais il continue à remplir sa tâche consciencieusement.
Soudain, tout le monde laisse tomber son ouvrage et se met à chanter « Happy birthday to you ». C'est l'anniversaire d'un jeune stagiaire. Il avance timidement entre les rangées de démocrates debout et hilares. Un buffet a été dressé en son honneur. Un énorme gâteau crémeux et fluorescent trône au milieu. Le signal est donné pour se ruer sur les pizzas. Andrew, affamé par ses deux heures d'appels téléphoniques, en avale sans scrupules plusieurs parts à la suite. Rosella me propose un morceau de gâteau. Les couleurs sont effrayantes. Je préfère poursuivre ma tâche.

TUCSON
KERRY
is
COUNTRY
Kerry

Politique et mouvement de mode

Le militantisme devenant tendance, arborer un t-shirt à slogan est à la fois un acte politique et une attitude trendissime.
Du coup, plusieurs grandes marques ont créé leur t-shirt spécial élection aux jeux de mots provocants.
"Bush" signifiant en anglais "buisson", "touffe", et "dick" (Cheney) "bite", il aurait été dommage de passer à côté.

Vainc Bush
Bat Dick

ou bien,
Bouffe la Chatte
branle la bite.

(L'unique touffe en laquelle je crois est la mienne)

Éradiquez la maladie du Cowboy Fou, votez.
(Mad cow = Vache folle)

Marc Jacobs a créé une ligne de t-shirts et de sous-vêtements féminins "Remove Bush" (virez Bush)

BUSH NEEDS TO BE WAXED VOTE!

↖ il faut dégager Bush !

ou bien : il faut épiler la touffe !

L'écrivain Periel Aschenbrand a créé sa propre marque, Body a billboard, pour diffuser son slogan devenu culte

→ THE ONLY BUSH I TRUST IS MY OWN

Clothing of the American Mind, association anti-Bush de Los Angeles, déforme par des phrases dérivées les discours Républicains.

Constitutional Tramplers

Axis of evil doers, Family devaluers

THE ONLY BUSH I TRUST

IS MY OWN

Armani → **Think fashion makes a statement ? Try Voting.**

Vous pensez que la mode c'est affirmer quelque chose ? Essayez le vote.

Patricia Field, Styliste de "Sex and the City", a créé le t-shirt **Let's Vote** et P. Diddy **Vote or die.**
French Connection, F.C.U.K., a lancé en édition limitée le t-shirt → **Fcuk you, I'm voting.**

urban outfitters, chaîne de magasins branchés vendant vêtements, mobilier, livres et gadgets, s'est lancé dans la production de t-shirts militants.

ROCK THE VOTE ← bouscule le vote

ELECTORAL COLLEGE DROPOUT

STOP WARS

Young People Have Power ← les jeunes ont le pouvoir

A.p.t.c.o. (Apolitical company) vend des t-shirts chez Colette, Jeffrey à New York, United Arrows à Tokyo.

More Jobs Less Occupation ← Plus d'emplois moins d'occupation (en Irak)

DEPARTMENT OF HOMELAND ABSURDITY ← Département de l'absurdité nationale

www.clothingoftheamericanmind.com
www.fcuk.com
www.apoliticalcompany.com
www.tahotees.com

T-shirt pour enfants chez

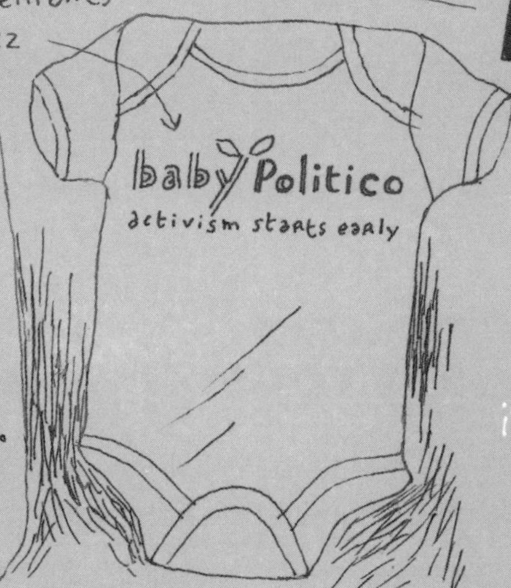

"Please, dont mortage my future: Vote Kerry in 2004"

→ S'il vous plait, n'hypothéquez pas mon futur : Votez Kerry en 2004.

VOTE BECAUSE I CAN'T

children's T-shirts

i'm too young to vote...

What's your excuse?

l'âne est le symbole du parti démocrate, le mamouth celui du parti Républicain

Travail supplémentaire

En quittant le QG démocrate,
après ses deux heures d'appels quotidiens,
Andrew rapporte cinq pages de liste chez lui.
Ce soir-là, il passera trois heures
supplémentaires au téléphone.

Andrew parle couramment l'espagnol et peut converser avec les électeurs mexicains. Il est atterré par certaines de leurs attitudes. Constituant 60 % de la population de Tucson, les Mexicains sont majoritairement indécis et peu concernés par la politique. Certains ignorent la date des élections, d'autres prétendent détester Bush sans être déterminés à aller voter. D'autres encore craignent des représailles. Les républicains ont en effet créé une rumeur selon laquelle tout Mexicain votant pour Kerry serait incarcéré. Cela fait partie de la campagne d'intimidation des bushistes, visant à limiter les votes des non-Blancs (principalement démocrates). En Floride, voyant qu'un grand nombre de citoyens noirs s'étaient inscrits dans l'intention de voter pour le parti démocrate, les autorités républicaines ont mis en place des factions de policiers devant chaque bureau de vote. La communauté noire n'étant pas dans les meilleurs termes avec la police de Floride, les inscrits se sont abstenus d'aller voter. Parfois, ce sont des descentes de police qui ont lieu au domicile des inscrits noirs, avec interrogatoires dissuasifs sur leurs penchants politiques.

Au cours des appels, il arrive qu'Andrew tombe sur un parent d'un électeur décédé mais dont le nom reste inscrit sur la liste. Le système électoral américain dispensant la présentation des papiers d'identité au moment du vote, n'importe qui peut prendre la voix d'une autre personne, morte ou vivante. Il suffit juste de connaître son nom, son adresse et le bureau de vote dans laquelle elle est inscrite. S'il était moins scrupuleux, Andrew pourrait se présenter sous tous les noms figurant sur sa liste. Il détient toutes les informations nécessaires. Le système électoral du pays censé être le plus puissant du monde repose sur un élément fragile et aléatoire : l'honnêteté. Dès l'instant que l'on jure sur la Bible, on ne peut pas mentir. C'est à la fois terriblement naïf et merveilleusement cynique.

Andrew fait des élections une affaire personnelle. Si Bush est réélu, il quittera le pays.

Il n'a pris aucun engagement pour 2005, personnel ou professionnel. Pendant les années Reagan, il avait choisi de faire des études de chinois à Paris. A présent, il est tenté par l'Indonésie où un richissime ami lui procurerait un visa, ou bien l'Amérique du Sud, moins éloignée de New York où vit son fils, Caspar, conçu avec une amie lesbienne.

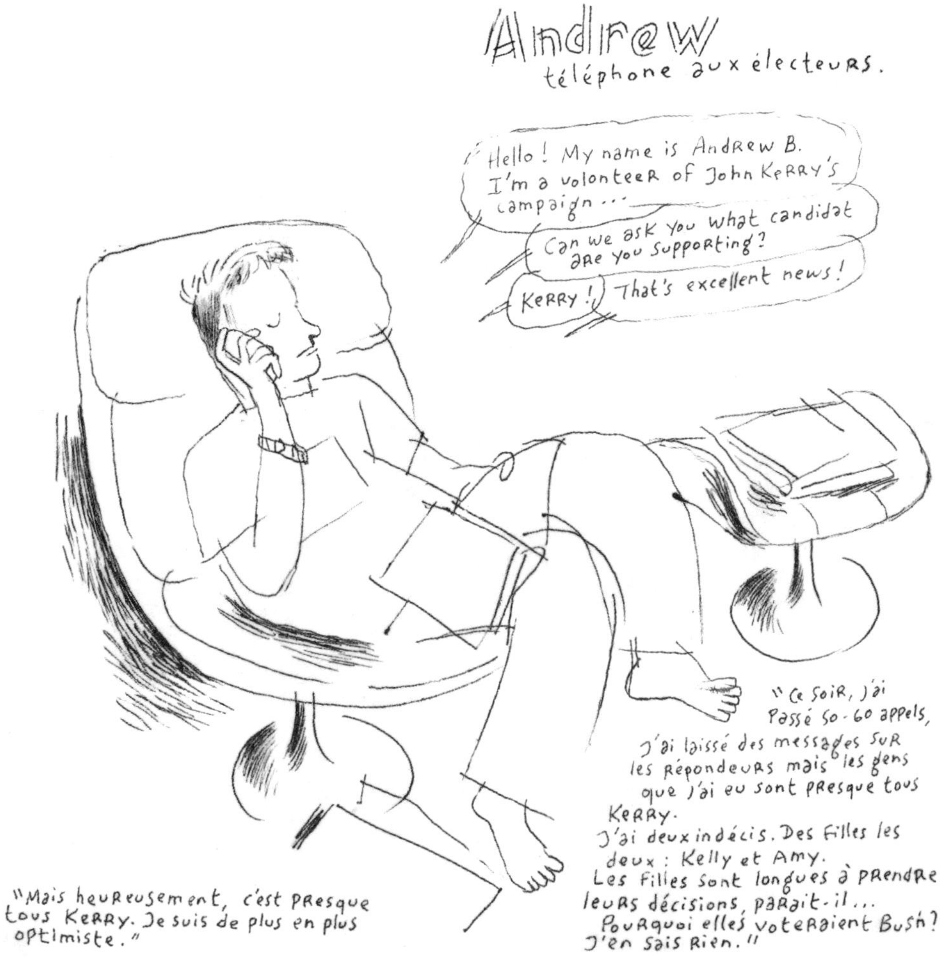

Brek

Cela fait un an et demi
qu'Andrew sort avec Brek.
Brek a vingt ans et un quart de sang mexicain.
Il est mormon.
Son père est pasteur.

Suite à l'annonce de son homosexualité,
Brek a été excommunié et renié
par toute sa communauté,
y compris par sa famille.

C'était un étudiant brillant mais il a renoncé à l'université. Faire de longues études est une idée étrangère à l'éducation mormone. Brek est vendeur chez Urban Outfitters. Il passe sa journée à plier des vêtements. Ce qui est loin d'être épanouissant. Brek est tiraillé entre son éducation et sa nouvelle vie. Sa relation avec Andrew est chaotique. Andrew a vingt ans de plus que lui et tout ce qu'il n'a pas encore : la maturité, une situation stable, un équilibre. Brek vit dans un quartier pauvre de Tucson. Derrière son immeuble s'étend un vaste terrain vague. Il partage un petit appartement avec un ami gay et une étudiante hétérosexuelle. Andrew la soupçonne d'être une *fag hag*, une fille maladivement attirée par les homosexuels. Brek a fait part à Andrew de son désir de vivre avec lui, dans sa grande maison. Andrew hésite. Il n'est pas certain que ce désir soit motivé par de bonnes raisons. Ce soir, Brek nous présente trois de ses amis : Brian, Josh et Gabe. Ces deux derniers sont venus pour mon documentaire. Ils ont à peine vingt-deux ans et sont également d'origine mexicaine. Ils sont drag queens depuis trois ans. Gabe se produit parfois à l'IBT'S sous le nom de Miss Teri Aki. Josh est issu d'une famille catholique ignorant tout de ses activités. Il porte un grand bonnet enfoncé jusqu'aux yeux pour cacher ses sourcils à demi rasés. Ils sont timides comme deux collégiennes et se prêtent volontiers à l'interview. Un ami d'Andrew débarque avec une bouteille de vin. David est chauve et frêle, perdu dans un grand pull. Son visage est fixe, sa voix monocorde. Il n'est absolument pas dans la séduction, ce qui est très plaisant.

Et Voilà !
Maiiis... c'est quoi exactement ?
Mon déguisement pour la soirée Halloween.
Waouh! TRRRRèès mignon!
Descends un peu qu'on voie ça de plus près !
Tourne un peu voir...
Mmmm... Pas mal...
Pas mal du tout...
Ce n'est pas un peu trop court ?
Non, non! C'est comme ça que ça se porte.
Et les chaussures ? Je ne sais pas quoi mettre. J'ai bien des bottes...
Ah non ! Ce qu'il te faut, c'est des chaussures noires, toutes simples.
Mmmh... Mon beau petit marin pédé !

To the Navy!
À la victoire de John Kerry!
Andrew, qui te dit que je vais voter Kerry? Il est possible que je vote Bush aussi...
C'est une blague?
Non, pourquoi je ne voterais pas Bush? Il y a aussi de bonnes raisons de voter pour lui.
Au moins, avec Bush, je me sens en sécurité.
UNSAFE! UNSAFE! UNSAFE!
C'est quoi ces conneries?
Dans ma vie, je me sens en sécurité nulle part. Je n'ai plus de famille sur qui compter, ma situation financière est précaire, je n'ai plus d'avenir côté études et je ne parle pas de ma vie amoureuse ...
La seule chose dont je sois sûr, grâce à Bush, c'est d'être protégé du terrorisme. L'unique sentiment de sécurité que j'ai dans ma vie, je le dois à Bush.

Mais qu'est-ce que tu Racontes ? c'est... c'est n'importe quoi!
Je ne comprends pas, tu es quelqu'un d'intelligent et tu te laisses berner par... par des arguments pour crétin!
Ah oui? Et toi, tu crois pas que tu laisses aussi avoir par les arguments de Kerry? Toi, tu fais confiance à un type comme Kerry qui change tout le temps d'avis!
Bush lui au moins, c'est un homme fort, fidèle à ses convictions qui ne dévie jamais de la voie qu'il s'est tracée. Il ne fléchira pas. C'est ce genre d'homme qu'il nous faut pour nous défendre.
Mais c'est pas vrai! Mais tu es con!
Bon... Ben nous faut qu'on y aille.
Eh bien merci d'être passés.
Bye bye!
Bye!
Bye!

Évidemment, tu es tellement sûr de toi ! Et moi je n'y comprends rien... Je ne suis qu'un gosse ! Hein ? c'est ça ?
Hum
Je ne sais pas si Kerry serait un bon président...
Je ne sais pas s'il saurait prendre les bonnes décisions pour le pays ou pour la planète ou encore contre le terrorisme...
Mais ce que je sais, c'est que tu représentes tout ce qu'il déteste, que tu le dégoûtes et que s'il le pouvait, il te chasserait parce que tu menaces son idéal de société parce que tu es un pédé !
Il ne veut pas te protéger.
Il veut t'éliminer.

De toutes façons, je pense que cette histoire de sécurité est un faux problème.
?
Pour moi, tout est dans la manière de voir les choses... Demain tu vas peut-être mourir écrasé par une voiture, c'est bien plus probable que de mourir dans une attaque terroriste ici à Tucson.
Alors que cette insécurité dont tu parlais, celle de ta position sociale, de l'argent, de la manière dont tu vis ou dont tu es exclu est bel et bien réelle et Bush en porte sa part de responsabilité.
Tu sais Brek, tu vis à Tucson une ville qui n'a jamais connu d'attentats terroristes. Moi qui vis à Paris, je pourrais me dire que j'ai davantage cotoyé le terrorisme. Pourtant, je ne ressens pas à ce point un tel besoin de sécurité,
c'est donc que le problème est certainement ailleurs.
En revanche, les agissements de l'administration Bush me donnent plus un sentiment d'insécurité. Beaucoup de gens ressentent ça en dehors des États-Unis.
Comment peut-on placer aveuglement sa confiance dans un type qui ment aussi ouvertement et qui se moque autant de l'O.N.U. que de ses compatriotes ?

Il prend les Américains pour des imbéciles quand il leur ment sur les armes de destruction massive.
Il manipule les gens. Il s'est servi du 11 septembre pour faire avaler sa politique interventionniste.
La peur quand elle est utilisée comme stratégie politique, c'est aussi une arme de destruction massive.
Même si ce n'est pas exactement la même chose, en France aussi certains savent utiliser la peur pour arriver à leurs fins. on a pu voir combien ces discours-là pouvaient nous mener à des situations dangereuses.
Je suis désolé. on est là, tous les quatre comme ça... c'est dur pour toi. Mais c'est difficile pour nous de ne pas réagir aussi...
Réfléchis bien Brek. C'est la première fois que tu votes. Fais le bon choix.

Bien.
Allez, bonne nuit tout le monde !
Bonsoir Brek.
Moi, je ne baise pas avec un Républicain !

La voisine républicaine

Andrew a acheté une charmante maison
à l'architecture mexicanisante dans un lotissement plutôt chic.
À l'entrée du patio, il a planté plusieurs pancartes pro-Kerry.

La bivalence du système politique simplifie les choses. Républicain ou démocrate, rouge ou bleu, pour ou contre. Les élections américaines sont un Superbowl gigantesque, avec le pays pour stade, la nation entière comme supporters. La bipolarité excluant toute nuance, l'affrontement devient un drame manichéen. Le camp du mal est toujours celui dont on ne fait pas partie. David avait nommé les républicains « the enemy ».
« Ils sont l'ennemi. Ils sont contre nous, contre ce que nous sommes. Ils créent des lois pour éradiquer les gays, les pauvres, les minorités, les gens différents de ce qu'ils sont ».

L'affrontement Bush-Kerry ne provoque pas uniquement une confrontation d'idées, elle crée aussi une profonde scission au sein de la population. « They are the enemy ». L'autre, celui qui appartient au parti opposé, devient un ennemi intime. Il est hors de question d'être confondu avec lui, le moindre soupçon est dégradant. Les maisons, les jardins, les balcons, les fenêtres deviennent des lieux d'expression. Les gens installent à l'entrée de leurs maisons des panneaux récupérés au quartier général de leur parti, bricolent des banderoles avec des draps ou des pancartes avec des bouts de bois. Les messages relèvent du slogan partisan ou de la supplication : « Please, vote », « Save our country, vote Kerry ». La manifestation de ses opinions politiques devient un combat personnel. L'appartenance à l'un ou l'autre des deux partis est plus qu'un problème politique, c'est une question identitaire.

Tucson est démocrate. Elle est le bastion des libres penseurs. Le reste de l'Arizona est républicain, tout comme les états limitrophes. Tucson est un village de Gaulois. Être démocrate est une fierté, une sorte de label de qualité local. Quelques républicains résistent et tentent de revendiquer leurs voix à l'aide de grands panneaux exhibés à l'entrée de leurs lotissements. Mais ils sont regardés avec méfiance et leurs quartiers deviennent, aux yeux des autres, des lieux maudits. Le lotissement d'Andrew affiche des couleurs démocrates. Dans le voisinage, une seule personne se revendique comme républicaine. C'est une vieille dame qui ne se montre plus depuis quelques semaines. Recluse derrière ses pancartes pro-Brush, elle attend la fin de la tempête électorale pour promener son chien.

Les voitures républicaines

Les parties postérieures des voitures sont des espaces privilégiés pour exprimer ses opinions politiques. Selon le niveau d'engagement du conducteur, le nombre de stickers varie : de un pour les plus timides à quatorze pour Andrew. Durant les nombreux trajets en voiture que nous effectuons quotidiennement – la géographie de Tucson étant des plus étalées et notre motivation à circuler en vélo des plus fluctuantes –, il est intéressant d'étudier la corrélation entre le bord politique et la marque de l'automobile. Après plusieurs heures d'observation minutieuse, nous sommes parvenus à la constatation que les républicains affichent une nette préférence pour les grosses voitures blanches de marques américaines (celles qui ressemblent à de gros lavabos).

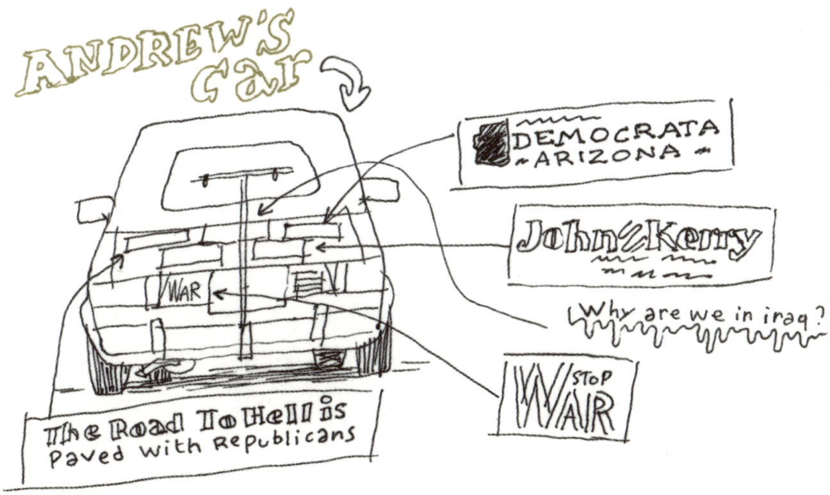

Un Américain moyen

Les Américains qui apprécient Georges Bush
se disent touchés par sa simplicité.
Il n'a pas la distance glacée ni la culture arrogante de Kerry.
C'est un brave type de la campagne texane,
qui aime la pêche et parle d'une manière approximative.

Andrew est persuadé que sous la panoplie de l'idiot se cache un tacticien subtil. « Bush a étudié à Yale, il est malin. C'est un homme éduqué mais il fait exprès de dire des conneries et de parler comme un bouseux. Les gens peuvent s'identifier à lui, même s'il est issu d'une famille très riche. Ça les rassure de croire que leur président leur ressemble. »

George Bush a la particularité d'avoir les yeux excessivement rapprochés. Andrew tient cela pour un avantage physionomique incroyable. Quelle que soit la situation, le président américain a toujours l'air de peiner pour réaliser qu'il est bien là où il est. Son absence totale de charisme est un atout. Elle le fait passer pour un homme ordinaire. Il semble étranger à la caste des politiciens intimidants, à l'esprit aiguisé et à la rhétorique redoutable, cette race de seigneurs issus de lignées prestigieuses et qui sont la quintessence de la bonne société américaine. Avec son strabisme et ses défauts d'élocution, George W. Bush est un Américain moyen, un président de proximité. Ses défauts séduisent, son niveau intellectuel ne crée pas de complexe. Les handicaps déclenchent irrémédiablement un réflexe de compassion. Je ne me souviens plus dans quelle histoire il est question d'un général portant un bandeau sur l'œil pour faire croire à ses hommes qu'il était borgne. Ceux-ci manifestaient davantage de dévotion à son égard et se montraient plus prompts à mourir pour lui.

La réussite de Bush est la revanche des boiteux. Il est l'anomalie familiale, le fils décalé mais dévoué, affligé d'une figure paternelle écrasante, affamé de reconnaissance. Les mandats présidentiels des Bush père et fils se suivent comme une sitcom permanente où se mêlent affaires internationales et enjeux intimes. Tous les éléments dramaturgiques sont réunis pour créer un nouveau *Dallas* : une famille texane qui a fait fortune dans le pétrole, un père puissant, une mère accaparante, un fils qui doit faire ses preuves. W. va-t-il résoudre son complexe d'Œdipe et finir le travail de son père ? Parviendra-t-il à s'imposer, lui qui ne possède ni nom ni prénom qui lui soit propre, mais tout juste une lettre, et de surcroît l'une des dernières de l'alphabet ? « George W. Bush est le plus triste des dirigeants politiques. Il était destiné à être le propriétaire alcoolo d'une équipe de foot. Mais chaque fois que je le vois, je l'imagine petit garçon, guettant à la fenêtre l'arrivée de son papa. Il est toujours ce fils à papa sans talent, ce gosse mal aimé. » (Sherman Alexie)

Les névroses familiales, l'alcoolisme, le strabisme sont autant d'handicaps que W. a réussi à convertir en adjuvants. Les républicains s'émeuvent de ce drame de la succession. David pense que c'est le fruit du formidable travail des conseillers en communication, tandis que Andrew affirme que c'est W. lui-même qui orchestre tout cela. Peut-être la grande force de Bush réside-t-elle justement dans sa capacité à échapper à toute analyse en maintenant l'ambiguïté entre la stratégie et l'idiotie.

L'aristocrate

Les États-Unis comptent 13% d'illettrés.
Les candidats à l'élection présidentielle et leurs conseillers ont compris que le « capital sympathie » aurait davantage de poids que le programme politique.

Et dans un pays qui se place comme la première puissance agricole du monde, il était primordial de séduire l'électorat rural représentant 23% des voix.

Si W. est convaincant dans son personnage d'Américain moyen, John Kerry a en revanche plus de mal à s'attirer la confiance de ses concitoyens. Il a le défaut de ses qualités. Son mètre 92, sa culture, son phrasé impeccable l'éloignent des électeurs américains peu sensibles à son charisme. Pour Douglas Kennedy, « Kerry est très intelligent, perspicace, mais il est perçu comme affligé d'une froideur aristocratique, comme une caricature d'homme du Nord. » La campagne électorale est une entreprise de séduction nationale. Kerry, fossilisé par vingt années de Sénat, doit réapprendre le contact humain, se remodeler une image plus populaire. Il s'affiche en joueur de hockey sur glace, de bowling, de guitare flamenco, se fait photographier en compagnie de Bruce Springsteen ou rendant visite à quelques vaches dans le Wisconsin. Il présente femme et enfants, en digne père d'une famille recomposée modèle. Alexandra et Vanessa, ses deux filles nées d'un premier mariage, sont engagées pour l'« humaniser » en racontant des anecdotes attendrissantes sur leur enfance. L'effort est louable, mais le tableau est trop parfait. Kerry reste un intellectuel, il a la coquetterie de ne jamais paraître vulgaire. Bush, lui, est dénué de scrupules lorsqu'il s'agit d'affirmer son image de président de proximité, et n'hésite pas à poser avec une tronçonneuse pour ressembler à n'importe quel Américain un dimanche matin.

La campagne présidentielle repose non seulement sur le minutieux polissage de l'image de chaque candidat mais aussi sur la démolition organisée de celle du concurrent. Le dénigrement est une stratégie politique. Les médias alimentent la bataille en matraquant le public de messages partisans. Outre la télévision, la radio est un efficace instrument de propagande. Chaque semaine, les 44 radios privées les plus importantes aux États-Unis diffusent en moyenne 312 heures d'émissions à caractère conservateur, contre 11 heures à teneur démocrate. Le talk show de Rush Limbaugh et celui de Sean Hannity, animateurs dévoués à la cause républicaine, sont suivis par 12 à 20 millions d'auditeurs, abreuvant ceux-ci de valeurs conservatrices telles que ordre moral, famille, retour des femmes au foyer, etc. Les démocrates ripostent avec le lancement d'Air America, réseau de trente-quatre stations diffusant des programmes diamétralement opposés aux talk shows républicains. Altermondialistes, artistes et dissidents y prennent la parole pour tenter de convaincre les derniers indécis. (1)

Aux yeux des républicains, John Kerry est coupable d'avoir des liens avec la France et subit les plaisanteries à ce sujet. Rush Limbaugh le surnomme « Jean Chéri » tandis que Tom Delay, leader républicain à la Chambre des représentants, a commencé une de ses interventions par « Good morning ou, comme dirait John Kerry, bonjour ». Ces allusions aux origines de Kerry ont pour but de démontrer qu'il n'incarne pas « l'Américain » autant que Bush. Quant aux faits d'armes du candidat démocrate pendant la guerre du Vietnam, ils sont remis en doute par les républicains soupçonnant Kerry de s'être infligé ses blessures de guerre lui-même.
« Kerry aura quand même ma voix. Ce n'est sans doute pas le candidat idéal, mais si Daffy Duck se représentait, je voterais pour lui. N'importe qui sauf Bush. » (Douglas

Kennedy) Car là est le principal atout de Kerry : il n'est pas Bush. Andrew n'a pas de sympathie particulière pour le candidat démocrate mais il soutient sa campagne de toutes ses forces. Ce qui importe est de se débarrasser de W.

Dieu et la sécurité

> En traversant la ville, nous empruntons une route s'apparentant à un catalogue des différentes confessions existant aux États-Unis. Puritaines, mormones, baptistes, orthodoxes, méthodistes, pentecôtistes, unitariennes, presbytériennes ou catholiques, les églises s'alignent le long de la route, à la suite des supermarchés et des stations-service.

Certaines ont placé devant leurs portes d'énormes containers d'eau douce destinés aux immigrés clandestins ayant survécu à la traversée du désert séparant l'Arizona du Mexique. Le geste humanitaire n'est pas dénué d'intention religieuse. Depuis le début de la campagne électorale, George W. Bush abuse de deux mots qui semblent être des sésames pour gagner le cœur et les voix des Américains : « sécurité » et « Dieu ». À travers ceux-ci, il touche à deux éléments essentiels dans l'inconscient américain : la religion et la peur. Bien qu'aucune religion officielle ne soit imposée, la religion tient une place particulière aux États-Unis. Le 1er amendement à la Constitution établit la séparation de l'Église et de l'État mais ces deux derniers restent très étroitement liés. Ainsi, une prière est prononcée avant chaque session du Congrès, la devise "In God we trust" est imprimée sur les dollars américains, les fonds versés aux institutions religieuses sont déductibles d'impôts.

La tradition protestante des États-Unis trouve son origine dans la fondation même de la nation. Les premiers colons, débarqués du Mayflower en 1620, étaient des puritains et des calvinistes fuyant l'Église anglicane du royaume d'Angleterre. Convaincus qu'ils œuvraient « pour la gloire de Dieu et l'expansion de la foi chrétienne », ils s'efforcèrent de faire de ce « Nouveau Monde » une « nouvelle Sion » faisant face à l'Ancien Monde corrompu. Au XVIIIe siècle, George Washington lui-même voit en la victoire de la

Guerre d'Indépendance « la marque de l'intervention providentielle ». Cette foi en Dieu destinant les États-Unis à un rôle particulier dans le monde habite encore certains textes fondamentaux : la déclaration d'indépendance, le Bill of Rights, la constitution fédérale. À l'issue de la Première Guerre mondiale, le président Wilson affirme : « L'Amérique est la seule nation idéale dans le monde [...]. L'Amérique a eu l'infini privilège de respecter sa destinée et de sauver le monde [...]. Nous sommes venus pour racheter le monde en lui donnant liberté et justice. » De la même manière, la Seconde Guerre mondiale, la Guerre froide, la guerre du Vietnam sont menées par le gouvernement américain avec la conviction que les États-Unis ont le devoir de sauver le monde. En 1991, la chute du bloc soviétique, symbole de l'athéisme, est interprétée comme la confirmation que l'Amérique est la seule puissance chargée de conduire l'ensemble de l'humanité. (2)

Georges W. Bush est de père épiscopalien et de mère presbytérienne. Sa foi imprègne chacun de ses discours et, selon lui, ses décisions sont guidées par Dieu lui-même. Comme 47 % des Américains, il se dit " Born Again Christian", c'est-à-dire néochrétien, depuis sa rencontre en 1985 avec le gourou évangéliste Billy Graham. L'écrivain Douglas Kennedy décrit le néochristianisme comme un phénomène apparu dans les années 60 avec l'explosion de la consommation. Selon lui, le business de la religion et le consumérisme sont étroitement liés. Ainsi, les radios, maisons de disques, éditions, universités privées exploitent un marché en pleine expansion, la religion représentant « le seul ciment collectif » dans un pays jeune où la notion de racine est relative et la mobilité géographique importante. La plupart des néochrétiens prétendent trouver la révélation non pas par le baptême mais par un contact direct avec Jésus leur délivrant un message. Pour Douglas Kennedy, George W. Bush illustre parfaitement un mot-clé utilisé par les néochrétiens : il s'est « réinventé ». « Et l'on reconnaît chez lui les caractéristiques qu'ils possèdent tous et qui m'ont tant choqué au cours de mon voyage [à travers les États-Unis] : l'absence totale d'ouverture et de curiosité, et l'intolérance absolue. Une vision du monde simpliste, en noir et blanc, où s'affrontent les forces du bien, représentées, bien sûr, par les États-Unis, et les forces du mal. »

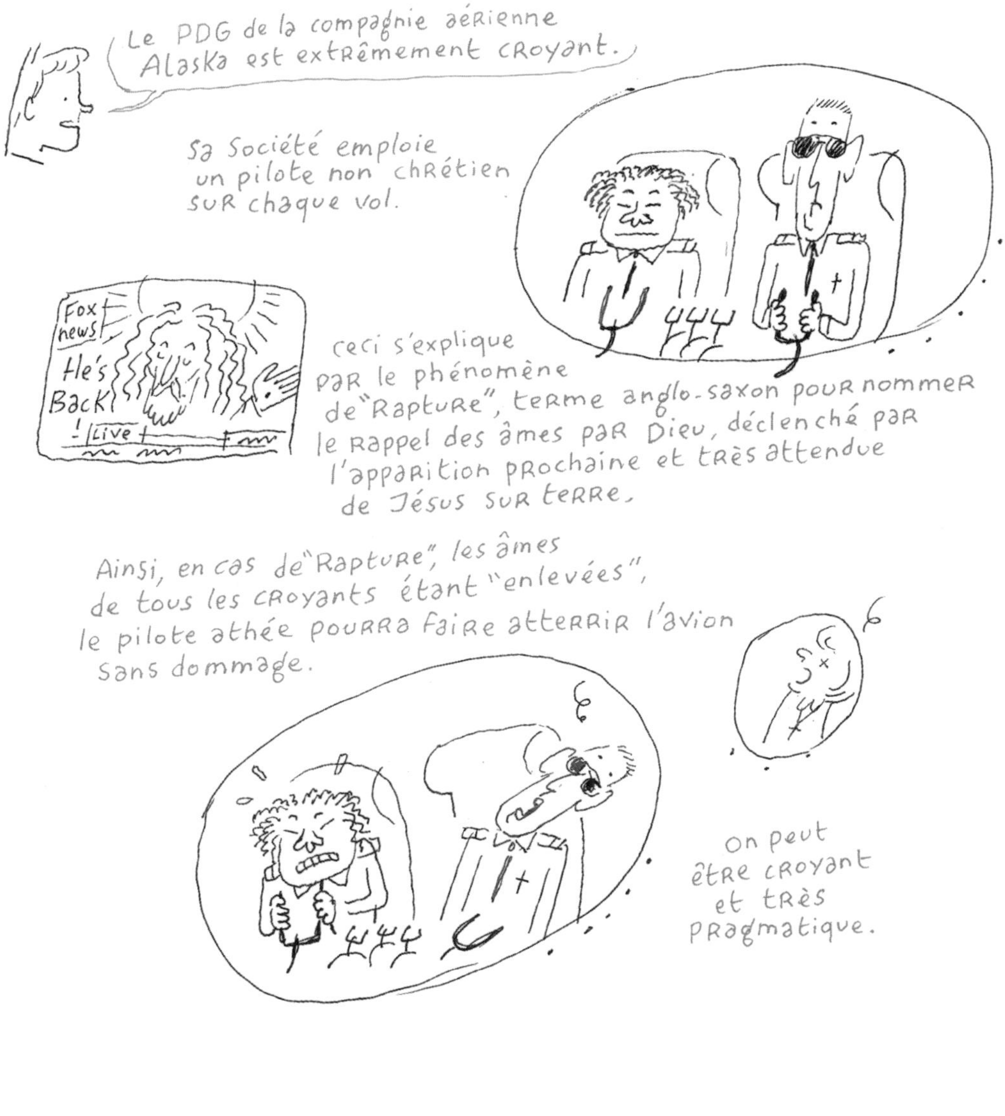

En déclarant avoir été délivré de l'alcoolisme par la prière et investi d'une mission divine concernant la destinée de l'Amérique, il répond à une norme propre aux États-Unis où le discours officiel mêle questions religieuses et politiques, et remplit pleinement son rôle de « guide religieux ». Neuf Américains sur dix sont croyants et 70 % sont pratiquants. Sensibilisés et perméables aux questions relatives à la spiritualité, les électeurs américains se montrent pour la plupart très réceptifs aux discours de Bush. Sa détermination – même si elle se mue en entêtement aveugle –, sa capacité à ne jamais changer d'avis – même si elle s'apparente à une négation ou une incompréhension des idées extérieures à sa pensée –, apparaissent comme d'incomparables atouts. Georges W. Bush ne dévie jamais, qu'importe s'il prend une mauvaise direction, l'important est qu'il conserve sa volonté d'aller jusqu'au bout, tel est l'avis de la majorité des Américains, républicains ou indécis.

La peur

> Il y a comme une tradition
> de la peur aux États-Unis.

L'histoire même de leur nation est un concentré d'événements éprouvants : persécutions religieuses en Europe, installation des premiers colons sur une terre qui avant d'être « promise » était surtout sauvage et hostile, chasse aux sorcières, guerre contre les Indiens, génocide de ceux-ci, guerre d'Indépendance, conquête de l'Ouest, esclavage, guerre de Sécession, ségrégation raciale, guerre hispano-américaine, Grande Dépression, Guerre froide. Tout cela en moins de quatre siècles.

Lorsque l'on traverse les États-Unis en avion, on se rend compte à quel point le territoire est immense. Les villes, si grandes soient-elles, ne sont que des flaques de bitume perdues au milieu de nulle part. Et lorsque l'on sillonne le pays en voiture, on est frappé par son effroyable beauté. Il y a quelque chose d'indicible dans le panorama, difficile à décrire pour qui ne l'a jamais éprouvé. Son gigantisme est vertigineux, écrasant. Il suffirait d'une heure de marche aveugle dans un dédale de désert ou dans l'ombreuse densité d'une forêt pour se retrouver littéralement absorbé par la nature, ingéré comme une

goutte d'eau dans un tas de sable. « Hanté » serait le mot le plus juste pour décrire l'étrange aura des paysages américains. Ce sont des lieux où tout peut arriver, où le pire est déjà arrivé.
Le cinéma américain a inventé un genre singulier, difficilement transposable ailleurs tant il est lié à l'environnement naturel du pays, « le survival ». Après la claustrophobie du film d'épouvante européen, apparaît la terreur agoraphobique américaine. Ainsi, les lieux écartés de la civilisation semblent receler nombre d'individus vidés de toute humanité et habités de pulsions barbares. *La Colline a des yeux*, *Délivrance*, *La Dernière Maison sur la Gauche*, *Massacre à la tronçonneuse* rompent avec l'imagerie d'une nature bienfaitrice et idyllique pour imposer celle d'une humanité sinistrée, corrompue par la sauvagerie de son environnement. La peur du rednek démontre à quel point la notion de civilisation est fragile dans un pays dont la géographie démesurée et la précarité sociale ont pour conséquence la mise à l'écart d'une partie de ses habitants. Une menace latente semble donc tapie à l'intérieur du pays, engendrée par la société elle-même.
Les attentats du 11 septembre 2001 ont déplacé le centre de gravité de la peur de l'autre côté des frontières. Importée sur le sol américain, l'agression anti-américaine a provoqué une effroyable prise de conscience : l'ennemi étranger peut frapper à l'intérieur même du territoire. De l'extérieur surgit désormais une autre menace invisible. Les guerres du XXe siècle avaient opposé les États-Unis à des ennemis identifiables et localisables : le nazisme et le communisme. À présent, le mal s'avère souterrain, impalpable.

Depuis, la politique sécuritaire a nourri un business en pleine expansion. Radiographie des voyageurs et des bagages, création de données biométriques, numérisation des empreintes digitales, localisation des téléphones portables, toute information est soigneusement archivée dans un but préventif. Mais loin de calmer les esprits, la lutte anti-terrorisme maintient en tension un climat de paranoïa généralisée. Selon Jim Harrison, cette psychose collective relève d'une instrumentalisation politique : « Castro a dit : « le pouvoir, c'est d'effrayer le peuple. » Un peu de religion, un peu de terrorisme, un peu de patriotisme, et voilà. En Amérique, on n'entend désormais parler que de sécurité nationale. Ce ne sont pas des mots de Goebbels, ça ? »

La peur est une ressource naturelle intarissable aux États-Unis. La sécurité du pays est pour George W. Bush un argument imparable grâce auquel il accorde toute légitimité à ses actes. Les plus enclins à s'abandonner à l'angoisse trouvent ses discours rassurants, c'est-à-dire la grande majorité des Américains.

Chez les républicains

Andrew et moi nous rendons chez Larry, drag queen à l'IBT's, célèbre club gay de Tucson. J'emporte ma caméra pour l'interviewer.

Larry vit dans une petite maison, près de la base militaire. Il lève les yeux au ciel chaque fois qu'un avion décolle dans une cacophonie apocalyptique, c'est-à-dire toutes les vingt minutes. Nous passons deux heures à discuter avec Larry, dans son dressing rempli de tenues de scène pailletées, de chaussures scintillantes et de perruques folles. Sur le chemin du retour, Andrew me propose de rendre visite aux républicains. Il est curieux de savoir s'ils sont aussi bordéliques que les démocrates. Seul, il n'oserait pas mettre les pieds en terre ennemie. Mais puisque je suis à ses côtés et aussi indiscrète que lui, il décide que nous y allons.

Le quartier général des républicains est situé dans un grand immeuble de briques. Republican Headquarters, écrit en imposantes lettres métalliques, nous indique que nous ne nous trompons pas d'endroit. Le bureau est étroit, rempli de tables, de dossiers, de chaises, de téléphones. On ne distingue plus les murs derrière les posters, stickers et autres panneaux ornés de slogans à la gloire de l'armée et de Jésus Christ. Une vieille dame en tailleur beige et à l'incroyable brushing nous accueille. D'ailleurs, il ne se trouve dans ce bureau que des vieilles dames en tailleurs beiges et aux incroyables brushings, ainsi que quelques jeunes chrétiens dociles. Ils ont l'air tout aussi bordéliques que les démocrates mais sont nettement moins démonstratifs. Andrew explique à la vieille dame que je suis française et que je réalise un documentaire. Je le trouve bien audacieux. Sa phrase comporte deux mots dérangeants. La dame baisse les yeux vers ma caméra. Son sourire se fige. Autour de nous, les regards se détournent.
La vieille dame balbutie, tremble un peu. Elle court chercher la responsable dans un autre bureau. Andrew sourit, assez nerveux tout de même. « Ils font tous la gueule parce qu'ils savent qu'ils vont perdre les élections. » Évidemment personne ne comprend le français.

La responsable arrive droit vers nous, suivie de la doyenne. Elle a une quarantaine d'années, un beau brushing, les lèvres minces, des jambes courtes. Elle braque son regard vers moi et entame son interrogatoire.

> « *Vous voulez filmer ?*
> *- Oui, si c'est possible.*
> *- Vous comptez faire quoi avec vos images ?*
> *- Un documentaire.*
> *- Un documentaire sur la campagne en général ou sur le parti républicain ?*
> *- Sur la campagne en général.*
> *- Quel usage en ferez-vous ? Vous le montrerez quelque part ?*
> *- Non, c'est un usage personnel. Je fais ça pour moi.*

Je fais semblant de ne pas bien comprendre ses questions.
Dans ces cas-là, il faut toujours jouer la gourde.

> *- Bon. Vous pouvez filmer, à condition de ne pas faire de gros plans sur les visages, sur les cartes ou sur les documents, de n'interroger personne, de ne pas vous attarder sur quoi que ce soit.* »

La responsable s'éloigne en nous jetant un dernier regard. Elle ne plaisante pas. Je filme. Et bien évidemment, je fais des gros plans sur les visages, les cartes et les documents, je m'attarde sur ce que je veux regarder. En revanche, je n'interroge personne. Nous sortons. Le climat est devenu franchement hostile autour de nous. Tandis que je filme la devanture du bureau, tapissée de posters pro-Bush, on nous claque la porte au nez. De la voiture, nous apercevons deux femmes derrière la porte vitrée du bureau. Les bras croisés, elles épient notre départ. « Si on reste encore quelques minutes, elles appellent les flics », me dit Andrew. Tandis que nous quittons le parking, nous sentons leurs regards se poser sur la multitude de stickers démocrates qui décorent l'arrière de notre voiture.

Speak Quietly Phone Calls in Process thank you!!

le Q-G Républicain

La communauté gay

Pour Bob Log, bluesman local,
« Tucson a l'avantage d'être le "trou du cul du monde" :
il n'y a rien ici. Que du sable et des cactus.
Pas d'industries. On s'habille dans les friperies et on conduit
des épaves qu'on jetterait n'importe où ailleurs.
Autant dire que c'est un paradis pour artiste crève-la-fin. »

La ville, démocratissime, est devenue une oasis libertaire où s'est installée une importante communauté homosexuelle. C'est moins par volonté de former un ghetto que par esprit de solidarité que celle-ci a créé ses lieux et ses activités. Une amie lesbienne d'Andrew vient d'ouvrir un spa dans le désert. Et le tour operator pour cyclistes gays imaginé par Andrew a rencontré un joli succès. Mais Andrew reste très professionnel, tout cela n'est pas une vaste entreprise pour étendre son territoire de chasse. Ses clients sont majoritairement homos pour une question d'affinités et non de caste.

Le quartier gay est situé près du quartier mexicain. C'est l'un des lieux les plus agréables de Tucson. Il est constitué d'une rue le long de laquelle s'alignent divers restaurants, boutiques, salons de thé et clubs, dont le fameux IBT'S devenu notre QG. Le coin est aussi le repère des hippies et des artistes underground. On y trouve une concentration avantageuse de boutiques vintage où l'on peut, moyennant une somme modique, se métamorphoser en cow-boy, en Marilyn ou en Diana Ross.

Étrangement, il y a quelque chose du Laos dans le quartier gay de Tucson. Plus précisément, la 4e avenue présente exactement la même atmosphère que la place du marché de nuit de Savannakhet. Tout réside dans le subtil équilibre entre poussière, oisiveté et chaleur. Le renoncement au moindre effort y est aussi agréable et contagieux. On est tenté d'abandonner toute ambition dans la vie pour aller y vendre des pancakes et glander pour le restant de ses jours.
La communauté gay de Tucson a l'élégance de ne jamais être arrogante, et la générosité de rester accessible jusque dans ses outrances. C'est ainsi que s'est développée dans la ville une activité au départ marginale et qui est devenue pour certains un véritable art de vivre : le drag show. De Tucson aux confins du Mexique, nous commençons notre étude minutieuse du drag show dont les codes et les spécificités divergent selon qu'il est pratiqué de l'un ou l'autre côté de la frontière. Relevant de contextes économiques, culturels, religieux et sociaux différents, ceux-ci offrent de manière inattendue un nouveau mode de lecture sur les sociétés américaine et mexicaine.

Bunny Fu Fu

A propos des drag queens

> Lorsqu'il n'exhibe pas des gogo danseurs à moitié nus,
> l'IBT's offre des spectacles de drag queens,
> rassemblant cinq ou six artistes à chaque fois.
>
> Les drag queens de l'IBT's sont généralement américaines.
> Celles-ci ne se produisent que dans des clubs gays.

Il peut arriver qu'elles officient à l'occasion de fêtes privées mais cela est rare. Qu'elles endossent le rôle de femmes fatales ou préfèrent les numéros comiques, elles ne se départissent jamais d'un glamour débordant et d'une sophistication extrême. Même dans l'outrance, leurs numéros restent de bon goût et reposent sur un principe de séduction.

Plusieurs soirs par semaine, Larry devient Lucinda Holliday, mélange burlesque de Liza Minelli et de Bianca Castafiore. Sa forte corpulence fait de lui une femme convaincante, le principal point faible des drag queens étant la proéminence des maxillaires. Son numéro est une performance de comédien assez épatante. Tout son art réside dans la précision chorégraphique des rictus, des roulements d'yeux, et un savant dosage entre glamour et grotesque. En civil, Larry est coiffeur et créateur de bijoux pour drag queens, c'est-à-dire de breloques clinquantes et grosses comme des pièces de quincaillerie. Il vaut mieux éviter de tomber dans une piscine lorsque l'on porte les bijoux de Larry. Celui-ci laisse son système pileux se développer entre deux spectacles. Il cesse alors d'être une bourgeoise hystérique pour redevenir un type jovial, issu d'une famille modeste de l'Iowa, et essayant comme tout le monde de réussir sa vie d'une manière ou d'une autre. Le jour, Larry a les cheveux gominés, porte des chemises hawaïennes et aime se préparer des bouillons de poulet. Malgré son grand talent de showman, il ne compte pas faire des numéros de drag queen toute sa vie. Il envisage très sérieusement de se lancer dans l'import-export de viande rouge, quel que soit l'avenir du pays.

Avec ses longues jambes d'amazone et son sourire affranchi, Janee Starr m'a procuré mes plus beaux émois homosexuels. Il arrive parfois que l'on glisse une vraie femme au milieu de drag shows, pour semer le doute. Les tenues de Janee découvrent avantageusement sa plastique vertigineuse. Elles ont beau être très échancrées et très moulantes, rien n'en dépasse. L'idée que Janee puisse être autre chose qu'une femme ne m'avait jamais

convaincue, naïve que j'étais. J'ignorais alors ce qu'était le *tucking*. Requérant une maîtrise absolue, sous peine d'accidents cuisants, le *tucking* est une technique de haute précision consistant à tirer les parties génitales masculines vers l'arrière et à les maintenir à l'aide d'une ficelle. « Évidemment, dit Janee, au début il est impossible de s'asseoir ». Mais cela en vaut la peine, l'illusion est parfaite. À l'instar des danseurs étoiles, Janee Starr peut faire abstraction de ses souffrances physiques pour atteindre le sommet de son art. Lorsque Janee s'est approchée de nous en corset strassé, Marlene Dietrich androgyne et sculpturale, Andrew m'a glissé à l'oreille : « Mince, il m'excite. C'est bizarre, les mecs qui portent des robes, c'est pas trop mon truc normalement. » Janee a procuré à Andrew ses premiers émois hétérosexuels.

À chacune de nos virées à l'IBT's, nous attendions fébrilement les nouvelles apparitions de Janee Starr. Le soir où elle fit voler sa cape de satin bleu pour exhiber son costume de Wonderwoman, nous avions le souffle coupé. Crinière éclatante et sourire conquérant, elle était magnifique comme nous ne le serions jamais. Nous nous sentions comme des vermisseaux tremblant devant l'une des plus belles choses que nous ayons vues. Car c'était beau, tout simplement. Beau comme un concerto de Rachmaninov, une envolée de Nijinsky, un sanglot de Madame Butterfly. Flamboyant et poignant à la fois. Nous étions tous un peu amoureux de Janee Starr.

Au café La Baguette, travaille le grand et maigre Andy qui, certaines nuits de pleine lune, se métamorphose en blonde Veronika Halliwell. Le patron du café est marseillais et, malgré ses dix-sept années d'exil aux États-Unis, a conservé son accent méridional. Norbert parle fort et ne mâche pas ses mots. Il nous parle comme s'il nous connaissait depuis dix ans. Il a déjà assisté au numéro de Andy et avoue qu'il est très réussi. Mais il préfère largement les « vraies femmes » qu'il observe assidûment de sa terrasse.

Le café emploie un second serveur. Il est facile de reconnaître les drag queens en civil. Ce sont de grands garçons pâles aux sourcils à moitié rasés. « C'en est une », note Andrew. Je reconnais le sourire. Janee Starr. C'est elle. Andrew n'en revient pas. « Tu es sûre ? » Il va interroger le serveur. Celui-ci acquiesce. Andrew et moi ne sommes pas déçus. C'est un très beau garçon. Il s'appelle Billy.

lucinda
holliday

Janee Starr

Comme beaucoup de drag queens, Billy a découvert fortuitement son goût pour le travestissement. Suite à un pari, il s'est rendu à son lycée habillé en femme le jour d'Halloween et s'est fait renvoyer sur-le-champ. Quelques années plus tard, il s'est engagé dans l'association Queer Voice, à l'écoute des adolescents gays. L'association lui a permis de développer son apprentissage de drag queen. Le port du soutien-gorge lui a d'abord posé problème, mais une fois ce détail technique réglé, le drag show est devenu son mode d'expression. Billy est un garçon discret et réservé. La flamboyante Janee Starr lui permet d'accomplir ce qu'il ne parvient pas à faire d'ordinaire : se sentir libre, désinhibé, admiré. À l'instar des super-héros, Billy est doté d'une double identité. Cette schizophrénie a été perturbante au début, mais il a su convertir ses handicaps en atouts. Sa grande taille qui l'avait toujours gêné est maintenant une avantageuse particularité. Janee Starr possède certainement les plus belles jambes de tout l'Arizona.

Larry, Andy et Billy se disent soutenus par leurs familles. Leurs mères adorent leurs numéros. Leurs pères se montrent plus réservés, mais ont accordé leur bénédiction. Lucinda, Janee et Veronika sont les stars de Tucson. Elles n'envisagent pas de se produire ailleurs où elles ne sont personne.

the iBT's drags show

Un soir au Mexique

Les drag queens mexicaines sont difficiles à débusquer.
Comme certains mammifères nocturnes, elles dorment le jour
et ne sortent qu'au coucher du soleil.
Leurs téléphones portables sont toujours débranchés.

Pour les rencontrer, nous devons nous contenter de leur laisser des messages et de languir après leur éventuel appel. Ce sont de magnifiques capricieuses. Les rendez-vous fixés ne sont pas toujours honorés. Après Josh et Gabe, malgré les efforts d'Andrew, aucune drag queen mexicaine ne semble accessible. L'un des stratagèmes qu'Andrew a trouvé consiste à les intercepter après leur spectacle. Ce soir, justement, un numéro de drag queen a lieu dans un restaurant chinois de Nogales, au Mexique.

Nous allons voir David. « Ce soir, on peut passer chez lui, nous dit Andrew. David souffre de troubles obsessionnels compulsifs. Il passe des heures et des heures à faire le ménage chez lui. À une époque, il ne pouvait même pas sortir le soir. Il était coincé par ses rituels. Maintenant, ça va mieux. » David est paysagiste. Il vit dans une charmante maison des années 50 au jardin impeccablement composé. C'est l'antre d'un esthète. Chaque nuance des murs, chaque pièce du mobilier a été choisie avec goût et discerne-

ment. L'ensemble est un subtil mélange d'esprit 50 et de style hispanique. Un piano à queue trône dans le salon, à côté de centaines de partitions de Debussy, Chopin, Bach. Une reproduction d'un dessin de David Hockney est accrochée sur le mur. Certains intérieurs présagent que l'on s'entendra à coup sûr avec leurs propriétaires. C'est le cas de David.
Sur une étagère sont posées des photos. On y voit David entouré d'amis. Vu les vêtements qu'ils portent, elles datent des années 80. David avait encore des cheveux et portait une grande moustache. Il me semble que sur l'un des clichés, il serrait un homme dans ses bras.

Nous allons manger dans le fast food mexicain d'à-côté. Nous sommes les seuls clients, ce qui n'est pas forcément bon signe. Les photos accrochées sur le panneau lumineux nous promettent des burritos gargantuesques et de succulentes panchitas. Les couleurs ont viré au bleu avec le temps. C'est somptueux. Cela ferait une magnifique fresque dans un musée sur la consommation au XXIe siècle. La représentation quasi-pornographique d'un fantasme culinaire pour boulimique hispanophile. Hélas, il est rare que dans les fast food les plaisirs esthétiques soient les prémices de prouesses gastronomiques. Lorsque j'ouvre ma boîte-repas, j'ai l'impression que ma nourriture a déjà été mangée.

Nous partons sans David vers le Mexique. Le trajet dure une heure. Andrew en profite pour nous initier à la musique mexicaine diffusée par la radio locale. Les *bandas* sont des formations de cuivres, guitares, accordéons et batterie, dont le principal enjeu est apparemment de ne jamais jouer dans le même rythme. Les contrepoints approximatifs, les déchaînements incompréhensibles de la batterie, les gémissements des cuivres et l'emphase des voix créent le style *banda*. Les chansons relatent toujours des histoires d'amour désastreuses. Notre grand jeu consiste à compter les apparitions du mot « corazón ».

De l'autre côté de la frontière, se trouve Nogales. Lieu de trafics divers, la ville attire également ceux qui croient encore au rêve américain. Aspirant à la citoyenneté américaine ou profitant de l'activité touristique locale, ceux-ci espèrent trouver à Nogales, une vie meilleure. Les spectacles de drag queens y sont nombreux. Ils représentent un bon dérivatif aux difficultés du quotidien, aussi bien pour les artistes que pour le public.

Nogales la nuit n'est pas faite pour les paranoïaques. Contrairement à Tijuana, Nogales est de taille modeste et relativement peu américanisée. Nous avions découvert Nogales l'année dernière, sous un orage biblique. Un fleuve de boue coulait dans les rues et envahissait les maisons. Nous avions trouvé refuge dans des restaurants et avions mangé plusieurs fois en attendant la fin du déluge. Ce soir, le climat est doux, les travestis ont ressorti leurs robes les plus courtes. Les rues sont sombres et désertes. Quelques garçons portant cuissardes et fourrures synthétiques attendent d'improbables clients au carrefour. « J'adore cet endroit, s'exclame Andrew. C'est vraiment le Mexique. » Andrew passe parfois ses soirées à Nogales. Il y a découvert un endroit complètement fou qu'il veut nous montrer avant d'aller voir le drag show. Nous lui faisons confiance. Andrew a un instinct infaillible pour débusquer les lieux les plus étranges. Ce soir, il s'agit d'une *cantina*, fréquentée uniquement par des hommes. Le vigile est un Mexicain à la carrure dissuasive. Il a l'air surpris de me voir. Andrew lui dit en espagnol que nous sommes français. Le vigile vérifie sur mon passeport que je suis bien majeure.

À l'intérieur, le brouhaha est assourdissant. La *cantina* est remplie de cow-boys moustachus et de femmes soûles. Toutes les filles de la salle sont des prostituées, sauf moi. À notre arrivée, les regards convergent vers nous et ne nous lâchent plus. Nous sommes les seuls non-mexicains. Andrew n'est pas intimidé. Il s'avance vers le bar et nous commande à boire. Une vraie scène de western. Philippe et moi transportons tout mon matériel de prise de vue, soient une caméra, un micro, une perche et deux appareils photo. Nous buvons, en essayant d'avoir l'air détaché. Andrew sourit. Il est dans son élément. Au milieu de la salle est installée une piste de danse qui ressemble à un ring de boxe. Des filles surexcitées font tourner des types ivres en s'esclaffant. Les autres, affalés sur leurs chaises, observent la scène en buvant leurs bières. Au milieu des cris et des rires, on devine la mélodie d'une *banda.* « Tu veux filmer ? » me demande Andrew. Je ne suis pas suicidaire. L'ambiance est tellement lourde qu'à la moindre étincelle, tout le monde se casse des chaises sur la figure. Une immense créature passe devant nous. Blonde, des jambes interminables, une carrure de catcheur. Elle s'assoit au bar, Bardot hiératique et trashy. Il y a d'autres garçons travestis dans la salle, mais aucun n'a son charisme. Andrew va lui parler. La créature le dépasse de deux têtes. Ils conversent un moment. La Bardot me laisse la prendre en photo. En contre-plongée, évidemment. À la sortie, le vigile nous parle d'elle. « C'est une bonne personne. Elle travaille dans un hôpital, la journée. »

À côté de la cantina, se trouve un autre lieu, résolument différent. C'est un bar gay, plus moderne. L'endroit est sombre. On y passe de la musique techno. Des moniteurs télévisés sont accrochés au plafond et diffusent en boucle des films pornographiques. Pour une raison obscure, ce sont des pornos hétérosexuels. Un client ivre accoste Andrew. Nous ne restons pas longtemps.

Le restaurant chinois dans lequel se déroule le drag show est un lieu feutré, presque luxueux comparé à ceux que nous venons de traverser. Les murs sont tapissés de velours cramoisi et ornés de boiseries aux formes sinisantes. La première salle est immense et

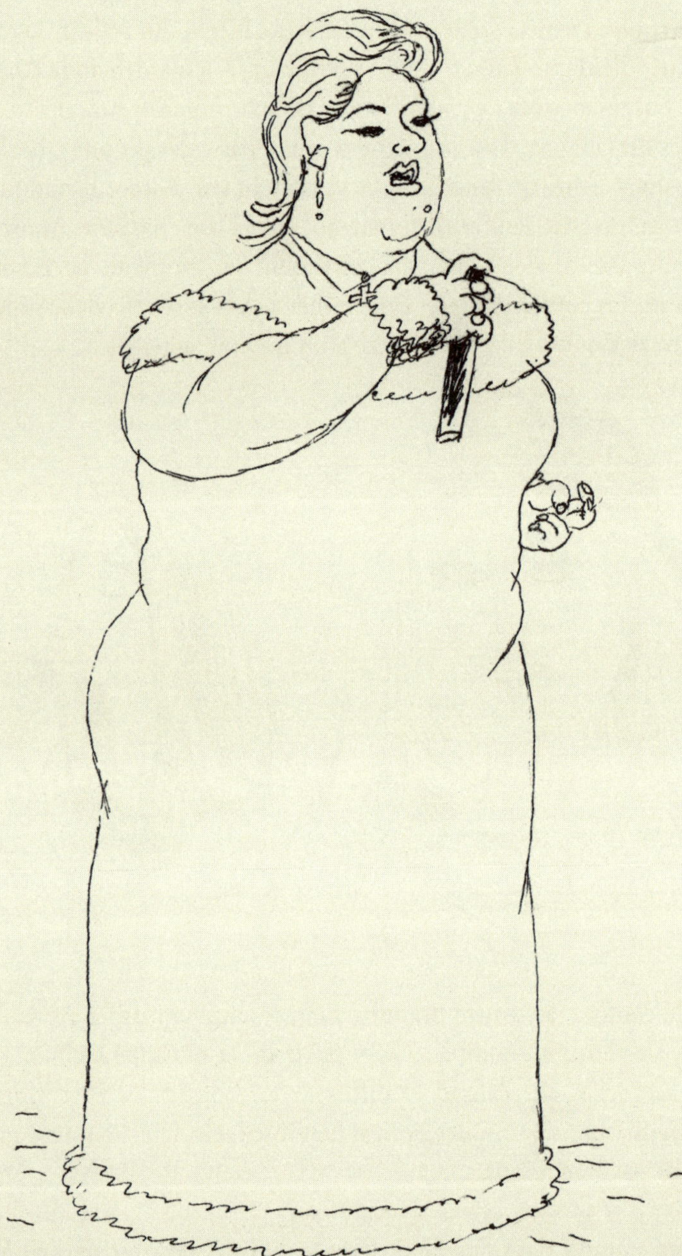

vide. Quelques types en costumes discutent à une table. On se croirait dans un film de John Woo. Mais il n'y a pas un seul Chinois en vue. Une femme policier nous fouille minutieusement devant la pièce du fond convertie en salle de spectacle. Elle vérifie également que je suis bien majeure.

Nous prenons place dans la demi-pénombre, près de la scène. Ici aussi nous sommes les seuls non-mexicains. La moitié des tables est occupée par un public hétéroclite. Des couples plus ou moins vieux, des groupes de filles en goguette, des célibataires en chasse, quelques voyeurs. A Nogales, le drag show mexicain ne se limite pas aux lieux réservés à la communauté homosexuelle. Contrairement au drag show américain destiné au public gay, il est proposé à une audience très large. Populaires et conviviaux, les spectacles ne sont pas nécessairement basés sur un jeu de séduction entre l'artiste et son public. Celui-ci y voit un simple divertissement prodiguant le plaisir d'écouter des refrains célèbres « interprétés » en direct par un artiste. Le répertoire comprend quelques standards anglo-saxons et surtout des classiques de la variété mexicaine.

Le show vient juste de commencer. La leader des drag queens est une sur-Sophia Loren qui raconte des histoires paillardes entre deux numéros. Son décolleté vertigineux nous informe qu'elle est dotée de prothèses mammaires. Le recours à la chirurgie esthétique est rarissime chez les drag queens américaines dont le principal plaisir réside dans la métamorphose perpétuelle et non dans la transformation irréversible. Bien qu'elle soit devenue une grande spécialiste du camouflage de ses attributs masculins, Janee Starr adore redevenir un homme après le spectacle et préfère largement endurer les désagréments du *tucking* plutôt que de renoncer à sa virilité.

Les drag queens du restaurant chinois sont *trashy* mais offrent une sélection d'archétypes féminins plus large que dans les shows américains : à la femme fatale et à la femme comique s'ajoutent la lolita britneyspearesque, la femme mûre et la femme moche. La lolita est soumise à des impératifs morphologiques quasiment impossibles à respecter pour les Américains, ce qui la rend rarissime de l'autre côté de la frontière. Moulé dans son minuscule short en jean et sautillant en cuissardes de latex, l'artiste de ce soir exhibe un corps miraculeusement gracile et ferait une très honnête icône de vestiaires de bidasses. La femme mûre est, selon Andrew, une extraordinaire reproduction de Paquita, charismatique chanteuse mexicaine. Sa gestuelle est lente et précise, ses déplacements mesurés. Pour les profanes que nous sommes, c'est une grosse dame en robe de velours. Enfin, la femme moche est une imitation de la voisine de pallier, d'une laideur insignifiante, gentiment vulgaire. Celle que nous voyons porte des cheveux courts, danse avec raideur. Son absence totale de volonté de plaire fait d'elle la plus crédible du show. La drag queen moche représente la femme ordinaire.

À la fin du spectacle, les drag queens viennent saluer, démaquillées et en costumes masculins, ce qui permet au public d'admirer la somme de travail requis pour la transformation. Dans les coulisses, nous demandons à les interviewer.

La sur-Sophia Loren s'appelle Christian. C'est un jeune homme de vingt-trois ans au visage d'adolescent. Son large sweat-shirt camoufle sa poitrine. Il explique avec professionnalisme qu'il recrute des artistes et organise des shows dans la région, qu'il exerce ce métier depuis l'âge de seize ans. Il n'en dira pas davantage. Mais en recueillant ailleurs divers fragments de témoignages, nous commençons à comprendre.

Les drag queens mexicaines

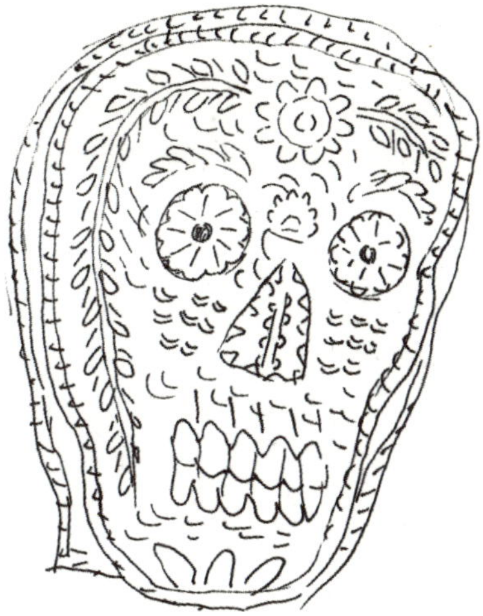

Au Mexique, les drag queens
ont généralement entre 18 et 30 ans
et sont issues d'un milieu
très défavorisé.

L'installation dans une ville moyenne
telle que Nogales ou Tucson
et l'exercice d'un métier artistique
représentent pour elles
une ascension sociale.

À Tucson, les Mexicains sont souvent des immigrés clandestins. Se trouvant dans une situation plus précaire que les Américains, eux-mêmes désargentés pour la plupart, ils vivent de métiers provisoires et de salaires infimes. La pauvreté et l'instabilité économique poussent ainsi certaines drag queens à se prostituer.

Mélange de cultures indienne et catholique, la culture mexicaine est familière des déguisements et des transformations (carnaval, Jour des Morts). À Juchitan de Zaragosa, la communauté zapotèque, descendante de l'une des plus importantes civilisations préhispaniques, les homosexuels sont considérés comme un troisième sexe. Sous le nom de *muxe* (de l'espagnol *mujer*, « femme »), ils tiennent une place sociale fondamentale, héritant de l'autorité maternelle et perpétuant des coutumes artisanales ancestrales. Institutionnalisée, l'homosexualité masculine s'y fête pendant une semaine culturelle annuelle. Depuis les années 70, les *muxes*, qui ne se travestissaient qu'à l'occasion de fêtes, portent robes et maquillage au quotidien. (3)

Les Mexicains sont ainsi partagés entre des pratiques héritées du paganisme et une éducation catholique rigoureuse. Pour vivre libres, les jeunes gays mexicains doivent ainsi faire face à plusieurs obstacles : aux difficultés économiques s'ajoute la morale religieuse et familiale. Se travestir apparaît donc comme une conséquence logique pour atteindre une forme d'affranchissement. Leur métier est une réaction à leur milieu. Le transformisme représentant une transgression des tabous religieux et familiaux et permettant à la fois une ascension sociale, une rupture familiale, l'affirmation de l'homosexualité et l'abandon des conventions morales.

La femme représentée par les drag queens est aux antipodes de la star glamour des Américains et s'apparente davantage à une prostituée. Tenues provocantes et bon marché, maquillage outrancier, font d'elles une caricature de la femme de rue, grossière et accessible. Nourries de séries télévisées et de variétés, les drag queens mexicaines adoptent une esthétique populaire. Contrairement aux drag queens américaines, elles ne cherchent pas à faire rêver le public mais à le distraire.

Cette figure de la prostituée est à l'opposé de la principale icône féminine qui domine leur société : la mère. Ayant le choix entre devenir la maman ou la putain, les drag queens mexicaines renoncent à imiter celle qu'ils ne seront jamais - leur propre mère -, comme si être une femme affranchie équivalait à n'être rien d'autre qu'une prostituée.

Cette bipolarité trouve son pendant dans la religion catholique avec l'opposition Vierge Marie / Marie Madeleine. Celle qui ne peut enfanter (ce qui est le cas des drag queens) sert à donner du plaisir et devient une prostituée.

Le goût pour l'imitation de chanteuses célèbres, absent chez les drag queens américaines, rappelle la prépondérance des icônes dans la religion catholique. La culture américaine, relevant du protestantisme, est moins marquée par cette attirance des figures. La drag queen mexicaine revêt volontiers le costume d'une icône populaire préexistante, contrairement aux Américaines qui préfèrent créer elles-mêmes l'apparence et le nom de leur alter ego féminin. Dans une société pétrie de machisme et de morale religieuse, il est certainement plus facile de se cacher derrière l'alibi d'un personnage célèbre que de dévoiler son autre moi féminin. Le spectacle confère ainsi une légitimité au travestissement.

L'adoption d'une apparence *trashy* (terme méprisant utilisé par les drag queens américaines à l'égard des Mexicaines) semble être l'affirmation de la différence sexuelle dans ce qu'elle a de plus outrancier et provocant. Dans cette attitude quasi suicidaire, les drag queens mexicaines ne cherchent à atteindre ni la beauté, ni l'illusion de la féminité, mais l'affranchissement. La violence et la radicalité de leur apparence sont proportionnelles au poids du regard social dont elles veulent se libérer.

En se montrant ainsi grimées, elles affirment deux choses : elles ne sont pas de vraies femmes, elles ne sont pas de vrais hommes non plus. Car, dans leur société machiste, ni la figure de la mère ni celle de la virilité ne leur convient. Certaines drag queens poussent ainsi la transformation jusqu'à porter des implants mammaires. Ce choix extrême démontre leur volonté farouche de devenir ni homme, ni femme, selon les codes conventionnels de la société.

Cette ambiguïté identitaire est pour elles à la fois une perte et un gain. Leur liberté est au prix de cette destruction symbolique à l'intérieur de leurs propres corps de toutes les conventions sociales et religieuses.

La vendeuse du Wallgreen's

Nous quittons le Mexique après les interviews des drag queens. Il est trois heures du matin lorsque nous arrivons à Tucson.

Le supermarché Wallgreen's est ouvert. C'est un pléonasme, le Wallgreen's est toujours ouvert, 24 heures sur 24, sept jours sur sept. Il fait froid. Sur le parking, deux adolescents sont assis. L'un d'eux est en t-shirt. Ils ne parlent pas, ils attendent.

Le Wallgreen's est silencieux. La lumière est aveuglante. La nuit, les supermarchés désertés deviennent des musées, des temples solennels. Nous nous dirigeons au rayon photo. Les pellicules pour Polaroid sont bon marché aux États-Unis. La vendeuse de garde vient nous renseigner. Elle est menue, noyée dans son informe t-shirt Wallgreen's, et coiffée comme une collégienne. Lorsqu'elle s'approche, on constate que ses cheveux sont teints et que ses sourcils sont tracés d'un gros trait de crayon. Elle doit avoir soixante-dix ans. Son extrême application trahit sa fatigue. Le système économique américain est ainsi. Pour survivre, les personnes âgées sont parfois obligées de faire des travaux d'étudiant. À San Diego, nous avions vu un vieillard à peine valide faire la circulation en plein soleil. Dans les cafétérias, il est fréquent d'être servis par de vieilles dames qui pourraient être nos grands-mères. Cela semble normal ici. Mon éducation confucéenne, qui place les sujets les plus âgés au sommet de la hiérarchie familiale et ordonne le plus grand respect à leur égard, me fait penser que quelque chose a été perdu en route.
La vendeuse nous accompagne jusqu'à la sortie et nous regarde nous éloigner, comme une parente âgée à qui nous aurions rendu visite. Sa silhouette de vieille adolescente me serre le cœur. Sur le parking, dans un fracas métallique, l'autre caissier du Wallgreen's traîne une colonne de caddies. Les deux adolescents sont encore là, appuyés contre le mur.

L'acteur républicain

Ce matin, Fox News a demandé du renfort auprès de l'unique acteur républicain engagé dans la campagne électorale, après Arnold Schwarzenegger. Cheveux gominés, teint hâlé, un physique de surfer bouffi. Inconnu des Européens que nous sommes.

D'Andrew aussi d'ailleurs. C'est un comédien de seconde zone, employé dans une émission diffusant des gags avec caméra cachée. « Le principe du show, explique-t-il, est de faire peur aux gens en les entraînant dans des situations abracadabrantes et totalement factices. » Andrew éclate de rire. « La peur, c'est bien un truc de républicain. »

Un peu de rhétorique

Lors de la convention républicaine qui a eu lieu
du 30 août au 2 septembre au Madison Square Garden,
on a pu compter dans les discours des intervenants
trente fois « 9/11 », quatre-vingt fois « terrorisme »,
soixante-seize fois « liberté » et cinquante-huit fois « guerre ».

La stratégie des républicains est résumée en ces quatre mots,
axant la campagne électorale sur la politique étrangère
et la mission historico-religieuse de Bush.

En tant que néochrétien, George W. Bush ne conçoit qu'une vision manichéenne du monde où les forces du Bien, représentées par les États-Unis, affronteraient les forces du Mal incarnées par les terroristes. Son vocabulaire, découlant de sa pensée et destiné à être compris par le plus grand nombre, est simplifié à l'extrême et illustre parfaitement cette bivalence.

La rhétorique est l'art de l'éloquence. Elle est apparue au Ve siècle avant Jésus Christ, à Syracuse, à la suite du renversement des tyrans. La population spoliée devait plaider sa cause devant un tribunal populaire pour regagner ses terres. Certaines personnes engageaient des orateurs pour argumenter à leur place. Un certain Corax et son disciple Tirias enseignèrent l'art de la persuasion. Mais ce n'est qu'avec Aristote que les procédés de la rhétorique ont été décrits comme un système (4). Pour Aristote, la connaissance de la rhétorique permet de ne pas être manipulé, c'est un instrument de liberté.
Il différencie deux types de discours : le discours scientifique et le discours rhétorique.

Le premier se fonde sur une vérité objective, c'est-à-dire sur ce qui est vrai indépendamment des individus. Le second s'appuie sur l'argumentation, c'est-à-dire sur ce qui est probable, visant ainsi la vérité subjective.
Les vérités subjectives ne sont pas forcément individuelles, elles peuvent être partagées par un certain nombre d'individus. Si elles l'étaient, chaque individu aurait une vérité imperméable à celle des autres. Il existe deux critères pour juger une vérité convaincante ou non : la quantité (plus il y a de personnes partageant une opinion, plus cette opinion est convaincante) et la qualité (image sociale ou culturelle des personnes défendant cette vérité).
La caractérisation des vérités fait l'objet de théories : ce sont les modalités, autrement dit les rapports d'une proposition avec la vérité. Aristote développe sa théorie à partir de la logique bivalente qui ne permet pas de rendre compte du discours. La logique bivalente a deux valeurs : le vrai et le faux. Ainsi, les propositions sont soit vraies soit fausses. Or, cette logique présente des impasses. Par exemple : la proposition « les chats sont noirs » n'est ni vraie ni fausse. Il existe des chats noirs et des chats non noirs.
Aristote substitue alors aux valeurs vrai / faux des valeurs modales. Il existe des propositions nécessaires (toujours vraies), impossibles (jamais vraies) et contingentes (tantôt vraies, tantôt fausses). Mais admettre la logique bivalente, c'est admettre que les événements sont prédéterminés. Dire « nous vaincrons les forces du mal », en concevant cette proposition comme vraie ou fausse, signifie que les événements sont déterminés à l'avance. Or, Aristote refuse cette idée de la logique bivalente. Une vérité n'est ni vraie, ni fausse : elle est possible.

Les discours de Georges W. Bush sont dominés par la logique bivalente et n'admettent pas de débat. Pour lui, les événements, le monde, les destinées des individus, sont déterminés par la volonté divine. La mention du pouvoir divin est d'ailleurs brandie comme un bouclier inattaquable pour justifier toutes ses décisions car, selon les néochrétiens, la Vérité Suprême se substitue aux arguments. Bush fait de ses vérités subjectives une vérité objective. Or, depuis la Grèce antique, la démocratie est un système qui repose sur le suffrage, le débat d'idées. « Ce qu'implique le système de la cité, c'est d'abord une extrême prééminence de la parole sur tous les autres instruments du pouvoir. Elle devient l'outil politique par excellence, la clé de toute autorité dans l'État, le moyen de commandement et de domination sur autrui. (…) La parole n'est plus le mot rituel, la formule juste, mais le débat contradictoire, la discussion, l'argumentation. » (5)
La démocratie a créé la rhétorique. Et il ne peut exister de démocratie sans débat.

home Coming

Homecoming

Depuis quelques jours, d'énormes affiches
montrant de jeunes gens au sourire frais
sont suspendues dans les rues de la ville.

Elles annoncent « Homecoming », événement annuel pour lequel, avec la fidélité des vieux saumons, les anciens diplômés de l'Université d'Arizona retournent sur leurs lieux d'études.

À l'Université de Tucson, les festivités battent leur plein. Des bancs d'adolescents sillonnent fébrilement la pelouse, accaparés par les préparatifs de la fête ou épiant leurs prochains flirts. Des défilés ont lieu sur la grande esplanade du campus. Fanfare en uniforme, reines de beauté, cheerleaders se succèdent dans une joyeuse cacophonie. Trônant dans une voiture de collection, un vieux sénateur et deux républicaines âgées saluent la foule. Lorsqu'ils arrivent à notre hauteur, Andrew les applaudit et crie « Profitez-en, vous n'avez plus que trois jours ! ».

Les uchronies ou rêverie mobilière

En faisant le tour du quartier en vélo,
Philippe et moi remarquons une boutique de « curiosités ».
Nous nous rappelons que Tonie,
la fringante quinquagénaire rencontrée chez les démocrates,
nous avait dit en posséder une.

L'échoppe en question est une cabane en bois posée au milieu d'un petit terrain vague encombré de meubles des années 80 et de pièces de moteurs automobiles. L'intérieur de la boutique est sombre, obstruée de canapés poussiéreux et de tables en formica. « Vous cherchez quelque chose ? » La propriétaire des lieux est une Indienne d'une quarantaine d'années. Notre présence semble inopportune. « Non, merci. Nous jetons juste un œil. » La propriétaire nous suit et réitère sa demande. « Vous cherchez quelque chose ? » Nous comprenons que nous devons partir. Les boutiques de « curiosités » ne sont pas des brocantes à l'européenne. On n'y entre pas par plaisir mais par nécessité. Elles proposent essentiellement des articles de seconde main, plus usés qu'antiques. Ce sont les seuls commerces d'« antiquités » visibles à Tucson, avec les boutiques de vêtements vintage. Parfois, des vide-greniers improvisés donnent à voir de charmants rebuts, rescapés des cinq dernières décennies de consommation.

Il existe certainement un réseau parallèle concernant des articles plus anciens et onéreux, mais il emprunte des voies souterraines, différentes de celles du commerce ordinaire. Avant le XXe siècle, il y a l'artisanat navajo dont on ne peut contempler que les reproductions mercantiles. Les vitrines de Tucson démontrent à quel point la ville est récente, le pays encore jeune.

Pour l'écrivain Greil Marcus, « la culture américaine a connu sa première incarnation avec les puritains aux XVIIe et XVIIIe siècles, et seule la guerre civile lui a donné sa pleine dimension. Mais en fait, les Américains n'ont commencé à se reconnaître dans leur culture qu'avec l'apparition du cinéma et du jazz, dans les années 20-30. Pour beaucoup d'Américains, il n'y a pas d'autre culture que celle du rock'n roll. Et cette culture n'a pas plus de quelques dizaines d'années. »

Pour compenser cette absence de passé ancien, certains magasins proposent du faux-vieux : bronzes artificiellement patinés, mobilier massif relevé d'or aux résonances gustaviennes, verroteries animalières en tout genre. La marchandise ne trompe personne, c'est le style qui compte. L'important est que les intérieurs reflètent le goût du passé, notion pieds et poings liés à l'idée de qualité, noblesse, authenticité. Parfois, au milieu des ersatz scintillants, on peut apercevoir une silhouette familière au glacis étrangement antique. Harry Potter en faux bronze XIXe est devenu un grand classique avec d'autres icônes disneyennes pareillement « antiquisées ». L'anachronisme est vertigineux. Nous sommes face à une uchronie.

Par un décrochage temporel inexplicable, les figures contemporaines de la culture de masse ont remonté deux siècles, ont vieilli et sont devenues des modèles des Beaux-Arts, au même titre qu'un Rodin. Installées le plus souvent dans les galeries marchandes d'hôtels, d'aéroport ou de casinos, soient des lieux de consommation touristique, ces pompeuses boutiques sont les reflets ostentatoires d'une tentative de réinvention du passé par la réinterprétation de formes stylistiques européennes.

La quête du passé crée un certain style de mobilier, dont j'ignore si elle a été l'objet d'une analyse ou d'une classification, mais pour lequel la dénomination qui me vient spontanément à l'esprit est le style *Dynastie.* Celui-ci est assez proche du style *Dallas,* le côté rustique en moins.
Il existe une boutique à New York, qui, par sa taille considérable, apparaît comme le temple de l'aménagement intérieur pour golden boys surbookés. ABC Carpet & Home propose sur six niveaux des compositions prêtes à l'emploi répondant aux différentes normes de « bon goût » : de l'ethnique chic au britannique cosy, du baroque théâtral à l'efficacité moderniste. Les deux étages les plus passionnants du magasin sont sans conteste ceux dévolus au style rustique et au mobilier de bureau. Car, au-delà des formes pompeuses et kitsch, on peut y lire comme dans un livre ouvert tous les espoirs, les ambitions et les aveux de faiblesse d'une certaine classe de la société américaine.

Le style rustique de ABC Carpet & Home est celui d'une grande résidence secondaire que l'on imagine située au cœur d'un vaste parc forestier. Le mobilier, réalisé en rondins de bois mais vendu à un prix exorbitant, reprend l'esprit « Davy Crockett », soit un joyeux retour à une nature idyllique et rassurante. Chaises de bar et lustres en bois de rennes côtoient couvertures à carreaux et repose-pieds en forme de bisons miniatures. On remarque un attrait particulier pour les reliques animales (fourrures, têtes empaillées, os) recyclées en objets de décoration. Les vestiges des civilisations natives indiennes sont devenus de dociles bibelots. Cette parodie de western, par ses efforts appuyés de confort et d'humour, dénonce la volonté de dominer la peur du « civilisé » face à une nature sauvage et indomptée. L'esprit *Davy Crockett* est diamétralement opposé à l'esprit *Délivrance.*

L'étage dévolu au mobilier de bureau est un dictionnaire stylistique consacré au vocabulaire du pouvoir. L'aménagement bureautique est une discipline extrêmement codifiée, régie autant par des données culturelles que psychanalytiques. D'évidence, les bureaux exposés chez ABC Carpet & Home ne sont pas ceux d'un vulgaire employé. Ce sont ceux d'un dirigeant d'une colossale entreprise, d'un empereur romain ou d'un Napoléon en puissance. Les tables, de trois mètres de long et plus, ne peuvent entrer que dans une pièce surdimensionnée. Leurs piétements sont de massives pièces de bois sculptées d'aigles et de têtes de lions. Les fauteuils sont des trônes couverts d'or et garnis de tissus précieux. Le bureau est conçu comme un théâtre du pouvoir où est exclue la fonctionnalité en faveur de l'apparat. Nombre d'objets, sans fonction autre que celle de flatter la puissance, s'accumulent dans ce décor. L'art n'est pas convoqué pour ce qu'il est – satisfaire un plaisir purement esthétique et donc inutile – mais ce pour quoi il peut servir : communiquer une idée. Une énorme reproduction d'un globe ancien sous-entend que le maître des lieux est aussi celui du monde, une rutilante longue-vue en cuivre fait de lui un visionnaire, des lutteurs en marbre rappellent sa combativité. Sur les murs, des cadres chargés d'ornements néo-classiques enferment des photographies d'ancêtres fictifs, de faux tableaux de famille, de reproductions de paysages anglais. Soudain, le decorum vacille, toute l'absurdité et la vacuité d'une telle entreprise apparaissent. Ici, est prononcé l'aveu de faiblesse. Le sentiment de déracinement d'une certaine élite américaine, possédant argent et pouvoir mais enviant le passé historique de la vieille Europe. C'est le style *Dynastie* ou l'accumulation compulsive des signes extérieurs de pouvoir, dans un style néo-classico-napoléonien, avec exacerbation des formes et des proportions, jusqu'au kitsch.

En quittant ABC Carpet & Home, on peut être tenté de conclure que les Américains vivent dans un monde semblable à leurs séries télévisées, qu'ils ont des goûts de midinettes matérialistes et qu'ils affectionnent les objets confectionnés avec des animaux morts. Et puis, il suffit d'entrer dans la maison de David, pour se rendre compte que l'on a tort. Ou bien, remonter Broadway pour se retrouver un peu plus au nord de Manhattan, dans un énorme hangar exposant du mobilier des années 50 à 70. Plus qu'un magasin de meubles, c'est un musée rassemblant tout ce que le design américain a fait de mieux depuis Raymond Loewy. C'est aussi une autre lecture de l'Amérique, celle de l'ère industrielle produisant une esthétique nouvelle, en adéquation avec la production et la consommation de masse.

« La laideur se vend mal », disait Loewy. Elle coûte également très cher. La beauté, parce qu'elle est liée à la simplicité, réduit les coûts de fabrication et est par conséquent plus accessible. Partant de cette implacable équation, le travail de Loewy a transformé radicalement les éléments composant l'environnement quotidien de tout Américain, des carrosseries de voitures aux locomotives, en passant par les ustensiles ménagers et les paquets de cigarettes, influençant tout le design de la seconde moitié du XXe siècle (6). Il est le contraire du style *Dynastie*, soit une conception de l'objet dans sa plus pure fonctionnalité. L'absence de passé n'y est jamais perçue comme une lacune, mais permet au contraire un ancrage direct avec le présent. La modernité des éléments dessinés par Raymond Loewy, ses prédécesseurs et ses héritiers rappelle que le design américain n'engendre pas que des uchronies ou autres fantasmagories passéistes, mais au contraire, par une vision pertinente du monde contemporain, est capable d'une inventivité fascinante.

Hallo-queen

C'est le week-end d'Halloween.
Nous sommes invités à une soirée "Hallo-queen",
autrement dit une fête gay avec des travestis,
organisée par des amis de Brek.

Aucun de nous trois n'est pourvu en déguisement. Andrew a songé à une panoplie de cow-boy sexy, avec string et pantalon de cuir doté de judicieuses échancrures, mais cela s'avère compliqué à trouver. Nous tentons donc notre chance à La Casa de Los Ninos, sorte de grand hangar rempli de vêtements et d'objets d'occasion, le genre d'endroit où l'on peut se faire le look de Sue Helen Ewing pour trois dollars. Devant les portants débordant de tailleurs pour dames bon marché, l'idée nous vient de nous déguiser en républicaines, tous les trois. Andrew vainc les réticences de Philippe en lui déclarant qu'il lui offre sa robe. Nous trouvons sans dommage des ensembles féminins en taille 52. Dénicher des escarpins en 46 est plus difficile. Les garçons courent les rayons pour me trouver le corsage le plus laid qui soit. Nous jetons notre dévolu sur un chemisier en polyester, au très austère col lavallière, dont l'imprimé incertain s'assortit à ravir avec le tailleur bleu marine qui me vieillit de quarante ans. Andrew et Philippe sont plus pimpants dans leurs ensembles rouges.

Excités comme des écolières, nous nous rendons chez Joyce pour lui emprunter des accessoires. Joyce est une ex-républicaine, nous profitons de sa vénérable expérience. Elle trouve que les garçons portent très bien la robe, surtout Philippe. Son dressing est rempli de tenues similaires aux nôtres. Nous avons vu juste. Un collier de perles est attribué à chacun de nous. « Le rang de perles est indispensable dans la panoplie de la républicaine », précise Joyce. Andrew aurait souhaité une perruque blonde choucroute, pour ressembler à Dolly Parton, mais le temps nous manque. Pour remédier à cette cruelle déconvenue, Joyce prête des chapeaux aux garçons, délicatement assortis aux robes. Andrew fait très first lady sur ses talons. Il avoue trouver sa robe extrêmement agréable. C'est la première fois qu'il en porte une. Certainement pas la dernière. Philippe a volontairement gardé sa barbe et ressemble à un immonde travesti. Quant à moi, on pourrait me prendre pour une présentatrice de Fox News ou bien un auteur de livres érotiques.

Pour compléter notre gang républicain, Amy, une amie d'Andrew, est venue de San Francisco. Amy est lesbienne et, à l'instar de Philippe et Andrew, n'a jamais porté de robe. En ce qui la concerne, je pense que c'est la dernière fois. Des sacs à main aux boucles d'oreille, nos tenues sont soigneusement peaufinées. Mais il nous manque encore l'accessoire ultime, celui qui fera de nous d'authentiques républicaines : le badge « Vote Bush ». Depuis le coup de la caméra, Andrew et moi sommes interdits de séjour au quartier général républicain. Andrew demande à Joyce si elle peut user de son allure de femme respectable pour soutirer quatre badges aux bushistes. Elle accepte. Cela l'amuse beaucoup.

Dans le patio de l'IBT's, la foule électrisée s'exhibe en costumes d'Halloween, plutôt sexy cuir et perruques fluos. C'est une joyeuse vision de la décadence, un Sodome et Gomorrhe bon enfant. Josh et Gabe ont passé l'après-midi à se préparer pour devenir deux splendides créatures aux allures d'Aphrodite et de Méduse. Leur ami Brian est resté dans la thématique hellénique. Il a cousu lui-même sa tenue de faune velu et priapique. Plus loin, un couple arbore d'incroyables tenues cousues de fruits et de fleurs. Un grand barbu s'est habillé en danseuse du Crazy Horse, avec guêpière en sky et cuissardes. Lorsque nous apparaissons dans nos panoplies bushistes, les gens éclatent de rire et nous félicitent. Nous portons les tenues les plus effrayantes d'Halloween. Un garçon déguisé en princesse vient discuter avec nous. Nos tenues le rendent hilare. « It's fabulous ! », s'exclame-t-il. Gabe me caresse les cheveux, consterné de me voir si laide.

La soirée Hallo-queen a lieu dans une petite maison. Toutes les pièces et le minuscule jardin sont investis par une soixantaine de personnes. Brek, en tenue de marin, vient

nous accueillir. Il rit en nous voyant, à cause des jambes velues des garçons. Pour le reste, Andrew nous dit que Brek ne voit pas ce qui est drôle dans le fait de s'habiller en républicaine. « Ça doit être de l'humour de démocrate », lui dis-je.
Philippe a enlevé ses chaussures à talons. Ses orteils sont rouges. Le voir déambuler en tailleur rouge et pieds nus est encore plus dérangeant. Il n'a pas compris le port du sac. Il empoigne le sien à pleine main, tandis qu'Andrew serre gracieusement sa pochette sous son aisselle. C'est étrange comme Andrew ressemble à sa mère, dans sa robe.

Les invités de la soirée sont plus jeunes qu'à l'IBT's. Bien que ce soit Halloween et malgré nos allures d'horribles travestis, ils ne comprennent pas tout de suite que nos déguisements sont des déguisements, et restent sur leurs gardes à la vue de nos badges. Nous sommes obligés de préciser « it's a joke » pour éloigner toute méfiance. Certains attendront quelques heures avant d'oser nous parler. Cette sale blague ne semble pas au goût du seul véritable républicain de la soirée. Paradoxalement, il est aussi homosexuel. Il argumente longuement auprès d'Amy pour justifier la guerre en Irak. Il cite des faits, des chiffres mais lorsque l'on parle de Donald Rumsfeld, il ignore de qui il s'agit.

À l'intérieur de la maison, ce qui devait correspondre au salon-cuisine est rempli d'étudiants surexcités. Les tables et le sol sont jonchés de gobelets sales et de bouteilles vides. Dans la pénombre, les jeunes invités se caressent en dansant. Les murs sont moites.

Halloqueen Party à l'IBT's

Deux garçons torses nus s'embrassent à pleine bouche. Ils ont dépassé le stade du flirt depuis belle lurette. Ils finissent par s'éclipser de la pièce.

Andrew et Brek ont également disparu. La nuit est froide. Nous nous serrons autour du feu. La soirée s'étiole. Nous sommes coincés ici, entre Frida Kahlo et un sosie de Divine. C'est Andrew qui nous véhicule. Et nous n'osons pas aller le chercher.

Andrew apparaît après deux heures d'absence, l'air hagard. « On ne te demande pas ce que tu es allé faire », raille Amy. Andrew ne rit pas. « Je me suis disputé avec Brek », dit-il. « On discutait avec une fille. Elle me demandait si on était de vrais républicains. J'ai dit que c'était une blague et que le républicain, c'était Brek parce qu'il allait voter Bush. On avait tous un peu trop bu. Brek était furieux. Il a commencé à me bousculer et à me taper dessus. Pour me défendre, je lui ai donné un coup de poing. »

Il nous montre sa main tachée de sang.

« Je n'avais jamais frappé quelqu'un de ma vie. Cela ne me ressemble pas. J'ai l'impression d'être un monstre.

- Comment va Brek ?
- Ça va. Après ça, on a passé une heure et demie à discuter.
Mais il est très choqué et moi aussi. »

Le regard d'Andrew se perd dans le vide.
Nous quittons la maison.

Le porte-à-porte

C'est le dernier dimanche avant les élections.
Andrew est pensif. L'incident de la veille le poursuit.
Il n'est pas parvenu à joindre Brek.

L'activité politique du jour devrait constituer
une bonne diversion.

Andrew et Amy se rendent au second quartier général démocrate. Celui-ci est installé dans la maison du représentant d'État à Phoenix, Ted Downing. La zone est un vaste champ de cactus, de poussière et de cailloux. C'est l'un des quartiers les plus chers de la ville. À l'entrée de la propriété, se dresse un mur de pancartes déclinant les slogans démocrates. C'est un camp retranché, abrité par des tentes et des parasols de fortune. Les bureaux sont installés dans le jardin. Plusieurs personnes s'activent à la supervision des groupes de volontaires, un buffet de junk food assure le ravitaillement des troupes, un poste de télévision rend compte des fluctuations des sondages, un ordinateur est branché sur Internet. Et partout, des piles de papiers, de listes, d'autocollants. Cela semble à la fois improvisé et redoutablement organisé.

Ted Downing nous accueille. Un quinquagénaire barbu, souriant, sympathique. Il me demande tout de même d'arrêter de filmer. L'approche des élections attise la méfiance. Tandis qu'Andrew et Amy écoutent les instructions, un vieil homme me raconte sa jeunesse parisienne, à la fin des années 50. Il était alors étudiant et libre comme l'air. Il tient à me montrer quelque chose. Je le suis à l'écart du groupe. J'ai peut-être tort, je suis curieuse. Ma mère l'aurait immanquablement soupçonné d'être un vieux pervers. Il m'entraîne derrière sa voiture, un vieux pick-up couvert de terre. « Regardez ça. C'est pas magnifique ? ». Je baisse les yeux et comprends. À l'arrière du véhicule se trouvent trois petits cactus aux formes étonnantes. Le vieil homme fait partie d'un club de botanique œuvrant à la préservation de la flore locale. En Arizona, à cause de l'immensité des terrains constructibles, les firmes n'hésitent pas à bâtir de vastes hangars sur des terres vierges, au lieu de réinvestir des zones désaffectées. Démonter entraînerait des coûts supplémentaires. Le club de botanique intervient avant l'installation des chantiers pour recueillir les espèces végétales. Les bénéfices de leurs ventes sont reversés à des associations caritatives. Dans le journal, un républicain a qualifié les écologistes de « câlineurs

Tucson houses

d'arbres ». Il est vrai que ce genre de scrupules doit totalement échapper à la mentalité des bushistes.
Andrew et Amy se voient remettre une liste de noms et un sac rempli de prospectus, ceux-là mêmes que nous avons triés pendant deux soirées. On ignore l'efficacité du porte-à-porte. Mais, au vu du succès des républicains en Arizona, il n'y a plus rien à perdre.

La maison est petite. Le revêtement rose passé s'écaille sur la façade. La pelouse a brûlé. Sur la palissade qui sépare le bâtiment de la route est marqué à grands traits de peinture blanche « wood to sell ». C'est notre première visite. Une petite fille ouvre la porte. Elle semble porter une chemise de nuit, ses cheveux sont défaits. Il est deux heures de l'après-midi. À travers la moustiquaire, elle nous regarde sans un mot. Elle semble terrifiée. Amy lui demande si ses parents sont là. La petite fille disparaît dans la pénombre. Les fenêtres de la maison sont calfeutrées par d'épais rideaux. Un homme arrive. Le père, certainement. La petite se réfugie derrière lui. Il est grand, torse nu. Le visage maigre, barré d'une moustache tombante, les cheveux graissés vers l'arrière, tout droit sorti d'une photographie de Walker Evans. Lui non plus ne dit rien. Il paraît fatigué. Notre présence est inopportune. Andrew se présente. Lorsqu'il entend le mot « democrat », l'homme secoue la tête. « No, no. » Sa main balaie l'air. Il nous tourne le dos. « So, you vote Bush ? », demande Andrew. L'homme acquiesce et referme la porte.

Chaque maison a un chien. Molosse furieux ou roquets sautillants, pelés, grassouillets, inquiets, arrogants, gâtés, tremblotants, ils sont là, bons soldats aux aguets, hurlant comme si on leur avait marché dessus. Andrew et Amy ne sont pas impressionnés. Ils les saluent à chaque fois d'un « Puppy ! Puppy ! » enthousiaste.

Ces deux-là sont courts et touffus. Ils accourent vers nous et font une démonstration de force. Cela ne dure pas, leurs voix se cassent. Ils se pressent contre le grillage qui nous sépare d'eux, l'œil exorbité, haletant comme deux fauves affamés. Leur maîtresse n'a pas l'air ravie de notre visite. Elle vient quand même vers nous, maintenant que ses cerbères ont donné l'alerte. Ses yeux sont dissimulés derrière des verres fumés. Elle ne vote pas, elle ne veut pas. Les deux candidats ne valent rien à ses yeux. Elle est accompagnée d'une

amie. Celle-ci a voté. C'est une ardente démocrate. L'amie est bavarde, ce qui semble contrarier fortement la femme. Elle retourne s'asseoir sur sa chaise en plastique tandis que l'autre entame une conversation passionnée avec Amy et Andrew. Cela fait plusieurs jours que l'amie tente de convaincre l'indécise de voter.

Andrew a relevé sur sa liste le nom d'un homme, identique à celui de la femme aux verres fumés.

« *C'est un membre de votre famille ?*

demande-t-il.

- *C'est mon fils.*
- *A-t-il voté ?*
- *Il est mort il y a dix jours.* »

Andrew et Amy se confondent en excuses. La femme ne parvient pas à répondre.

« *Démocrates ? C'est une maison de républicains, ici !* »

Le vieillard ricane, satisfait de sa petite blague. Il reste tapi dans l'ombre, derrière la moustiquaire.

« *Imbécile ! Dis-leur ce que tu as fait !* »

Sa femme hurle du fond de la maison, retranchée dans une des chambres.

« *Je suis démocrate mais j'ai voté Bush, avoue le vieillard. Je n'aime pas Kerry.*

- Cette andouille a regardé Fox News ! Il s'est fait avoir par les reportages. »

Il est difficile de déterminer, à la seule vue de l'habitation, de quel bord politique se réclameront les occupants. Le grand drapeau qui flotte au-dessus de cette coquette maison me fait penser qu'il s'agit d'un fief républicain. Erreur. Ce sont des démocrates. Pour moi qui ne suis pas native du pays où j'ai grandi, le patriotisme est un concept étrange.

Ailleurs, ce sont deux prénoms masculins qui figurent sur la porte. Andrew en déduit que les deux hommes forment un couple gay – donc démocrate -, et inscrit sur le prospectus un message au ton fraternel : « John and Steven, we hope you vote ! » Nous ne saurons jamais si ses présupposés étaient fondés ou non. Plus loin, un jeune Noir nous ouvre la porte. Il est poli, un peu désinvolte. Et républicain. La conversation tourne court. Andrew me fait remarquer qu'il portait une croix autour du cou. Il arrive que l'on ne puisse pas se tromper. Là, les deux voitures garées devant la maison arborent un sticker représentant une énorme croix dont l'ombre portée recouvre la silhouette d'un enfant en prières. À glacer le sang.

Nous sommes perdus au milieu du dédale de cactus. Une vieille dame vient à notre rescousse. Elle est républicaine mais a voté Kerry. « Je vote pour la personne et non pour le parti », dit-elle. Andrew approuve sa sagesse et lui propose qu'on l'élise comme présidente. Elle s'esclaffe et déclare que cela ne lui dit rien du tout.

L'arrière-cour ressemble à un dépotoir. Derrière les meubles entassés, les appareils désossés, les débris métalliques, nous cherchons la maison. Amy et Andrew vérifient l'adresse plusieurs fois. Amy frappe au hasard contre une porte vitrée. Celle-ci s'ouvre sur un minuscule bâtiment en bois vermoulu. Ce n'est pas une maison, c'est une cabane. Une femme apparaît. Elle fait coulisser la vitre sale. Et, pour la première fois, nous voyons le visage nu de la personne à qui nous nous adressons.

Elle doit avoir une cinquantaine d'années, peut-être plus jeune. Elle porte un vieux sweat shirt taché, un pantalon fatigué. Elle parle doucement. Andrew explique pourquoi nous sommes là, mais c'est inutile. La femme est démocrate, elle a déjà voté. Sa famille est démocrate de génération en génération, affirme-t-elle. Ils ne comptent qu'un seul républicain à qui ils n'adressent plus la parole. Elle dit vouloir comprendre. Elle lit les journaux tous les jours, suit les événements en Irak. Elle veut s'instruire, étudie l'histoire dans les livres. Elle parle longuement, appuyée contre la porte. La lumière l'éblouit, elle fait de l'ombre avec sa main. « Il n'y a aucune raison qui puisse justifier la présence améri-

caine en Irak, conclut-elle. Bush veut conquérir le monde et le façonner à son image. Il se prend pour Alexandre le Grand. Il veut dominer tout ce qui ne lui ressemble pas, parce que cela lui fait peur. Ce qui se passe en Irak est une guerre de religion. Les Américains emploient la bonne vieille méthode de l'imposition par la force de la culture dominante. La meilleure façon d'asservir un peuple est de détruire ce qui fait son identité. On fait ça depuis la nuit des temps. »

C'était notre dernière visite. Il est cinq heures. Le soleil déclinant jette des lumières splendides à travers les arbres. Andrew n'en revient pas. À deux pas de chez lui, au milieu d'un quartier résidentiel au niveau de vie plus que correct, des gens vivent dans un dénuement total. Le lendemain, Amy et Andrew poursuivront le porte-à-porte dans une zone encore plus défavorisée, au sud de la ville.

Andrew a conscience qu'il est un privilégié. Il est préservé des inquiétudes matérielles. Il dispose d'assez de temps libre pour se cultiver, réfléchir, travailler bénévolement pour la campagne de Kerry. La pensée ne s'accommode pas de l'accaparement du quotidien. Les Grecs ont pu établir une réflexion politique et développer leur système démocratique grâce à l'esclavage. Dégagés de questionnements prosaïques, ils avaient le loisir de développer leurs arts et leur pensée. Étudier est la grande passion d'Andrew. L'assouvir comme il le fait est méritoire, mais c'est un luxe auquel ne peuvent prétendre tous les Américains.

Le soir, Andrew tente d'appeler Brek. Ils discutent quelques minutes. Brek ne veut pas revoir Andrew pour le moment, non pas à cause du coup de poing mais à cause d'une aventure que celui-ci aurait eue il y a quelques mois. « Mais nous ne sommes même pas ensemble, dit Andrew. Il vient vers moi et il repart aussitôt. Je ne sais pas quoi penser de notre relation. Brek est jeune et paumé. Il est mormon, homo, rejeté par sa famille et moi, je suis complètement pris par la campagne électorale. Je ne sais pas où tout ça va nous mener. »

Andrew décide de reprendre Pinche à Joyce. Il a semé un nouveau gazon dans son petit jardin, derrière la maison, et a besoin d'un bon gardien pour éloigner les oiseaux. Joyce est réticente. Pendant les absences fréquentes d'Andrew, elle a donné asile au chat et ne veut plus s'en défaire.
Pinche reprend placidement possession de la maison d'Andrew. Mais sa présence dans le jardin semble inefficace. Les oiseaux ne le craignent pas, il n'a plus de griffes. Joyce les lui a fait enlever chirurgicalement pour garder ses meubles intacts. Désormais, le chat doit se contenter de frotter frénétiquement ses pattes avant sur les dossiers des fauteuils et de regarder les oiseaux le narguer à longueur de journée.

Philippe et moi n'avions pas connaissance de ce type de pratique barbare et nous nous rappelons avec douleur d'un livre feuilleté dans une librairie de Flagstaff, consacré à la peinture sur chats. Nous y avions appris qu'outre le macramé et la pâte à sel existait un autre genre de loisir décoratif consistant à peindre des motifs idiots sur le pelage de son chat. On peut ainsi assortir son animal de compagnie à son papier peint ou bien lui dessiner un groin de cochon à l'aide de teintures indélébiles. Un concours national récompense les spécimens les plus créatifs.

J'ignore s'il existe un épisode biblique malheureux où les chats seraient tenus responsables de maux universels ou s'il y a une corrélation particulièrement pointue entre l'art populaire et certaines pratiques relevant du body art propres aux États-Unis.

Halloween

Joanne est une amie d'Andrew et de David.
C'est une jolie quinquagénaire hétérosexuelle
qui vit seule dans un entrepôt, près de l'Hotel Congress
où Andrew m'avait présentée à elle,
lors d'un breakfast un peu étrange.

Tandis que nous prenions le frais sur la terrasse, un groupe de Français faisait des allées et venues entre le bar de l'hôtel et une caravane garée sur le parking. Joanne était accompagnée de Mike, réalisateur de films expérimentaux mettant en scène travestis, intrigues sexuelles et créatures mythologiques. Andrew et Joanne avaient joué dans son dernier moyen métrage, tourné dans une ancienne base de lancement de missiles située en plein désert. Andrew y avait tenu le rôle de Krishna et avait passé plusieurs journées peint en bleu. Mike est un obsédé sexuel. Il m'a demandé comment j'avais trouvé les « bosses » des gogo danseurs de l'IBT's. Il adore les mots français pour désigner le sexe masculin : bite, quéquette, pine. Celui qu'il préfère est « verge » qu'il prononçait « varge » : « Je veux ta varge, tu as une jolie varge ». Je lui ai appris le terme « braquemart » qui lui a assez plu. Au bout d'un moment, Joanne, qui tenait à savoir ce que faisaient les Français de la caravane, m'entraîna dans le bar. L'endroit n'a pas changé depuis la construction de l'hôtel, au début du siècle. Les fioritures somptueuses du décor résonnaient d'une étrange façon dans le chaos industriel environnant. L'Hotel Congress est auréolé d'une aura sulfureuse depuis que plusieurs meurtres y auraient été commis et que le braqueur John Dillinger et ses hommes y ont été arrêtés. Ce matin-là, le bar était réquisitionné pour un shooting de mode. Du matériel d'éclairage traînait un peu partout, un grand type à la mâchoire carrée et coiffé d'un chapeau de cow-boy attendait sagement

entre les prises de vues. Joanne traversa la pièce, se planta devant un assistant et lança sans sourciller : « Bonjour, qui êtes-vous ? Que faites-vous ici ? ». À ma grande surprise, personne ne hurla que nous devions foutre le camp au plus vite. Un quinquagénaire bronzé vint à notre rencontre. Il nous expliqua qu'il était photographe et qu'il écumait avec son équipe les plus beaux sites de l'Ouest américain pour le catalogue de Marlboro Classics, marque de prêt-à-porter pour cow-boys millionnaires. Il prit le temps de nous montrer ses photos, comme si notre présence et notre curiosité n'étaient pas un problème. Le top model au chapeau nous souriait gentiment. Les choses semblaient inversées. Cela ne pouvait arriver qu'à Tucson.

Il y a comme une dichotomie chez Joanne entre ses longs cheveux blancs et sa silhouette d'étudiante. Elle a un fils qui semble voyager beaucoup. Il se trouve en Inde en ce moment. Je prête à Joanne une vie aventureuse qui serait comme un long road movie, une trajectoire qui traverserait toutes les luttes politiques de son pays.

Le soir d'Halloween, nous nous rendons chez son frère. Celui-ci vit dans un quartier verdoyant où chaque maison est cernée d'une pelouse grasse. La zone résidentielle est plongée dans le noir. Quelques fenêtres éclairées forment des points lumineux épars. Andrew nous dit que d'habitude, Halloween est plus festif. Cette année, les élections créent une certaine tension. Les gens n'osent pas ouvrir leur porte aux enfants réclamant rituellement des bonbons. Ils craignent d'avoir à faire avec des militants de Kerry ou de Bush. Le frère de Joanne nous attend en haut des quelques marches qui mènent à sa maison. L'ampoule nue de la terrasse jette une lumière crue sur sa tête étroite. Le reste de son corps est tassé au fond d'un fauteuil roulant. Depuis son accident de voiture, le frère de Joanne est paralysé. Sa mobilité s'est réduite à l'activité de ses mains. Son compagnon prend soin de lui avec courage et inquiétude.

La maison est simple et meublée avec goût. Un immense dessin trône dans le salon, au-dessus d'un piano droit. Le dessin est magnifique. Philippe et moi cherchons la signature de son auteur. Dans l'une des chambres, une vitrine exhibe une surprenante collection de couteaux de poche. Nous ignorons pourquoi mais la vision de cette boîte remplie de couteaux oxydés nous trouble profondément. Elle est entreposée dans cette chambre comme un objet infiniment intime, une anthologie personnelle dont les éléments sont moins importants que les souvenirs qu'ils renferment. Le compagnon nous dit que cette collection a été commencée il y a longtemps par le frère de Joanne, et qu'il ne l'a pas touchée depuis des années.

Quelques voitures s'arrêtent successivement devant la maison. À intervalle régulier, un essaim d'enfants assaillent la terrasse et s'emparent des sucreries laissées en pâture dans de grands saladiers. Sous leurs anoraks, ils sont déguisés en Elvis Presley, en vampire ou en fée. Les plus timides ne portent qu'une perruque, les autres arborent des déguisements particulièrement soignés. La palme est attribuée à un petit garçon portant un énorme *mullet* synthétique faisant de lui la réplique miniature d'un footballeur gallois. Le frère de Joanne semble ravi par ces irruptions un peu brutales. Il accueille ses invités avec un sourire radieux. Chaque visite ne dure que quelques secondes. Après avoir pris leur butin, les grappes d'enfants s'engouffrent dans leurs voitures et vont frapper à la porte d'une autre maison.

Le petit manège d'Halloween ressemble curieusement à notre porte-à-porte de l'après-midi. Depuis quelques temps, nous vivons dans une étrange faille spatio-temporelle où fêtes populaires et activités politiques ne font qu'un.

Les faits et l'effet

À quelques heures des élections,
les journaux télévisés ont épuisé tous les sujets.
La Fox tente de maintenir la tension avec l'annonce
d'une bombe prétendument trouvée à Londres.

Deux envoyés spéciaux analysent l'événement, échafaudent des hypothèses, émettent des suppositions. Toutes les phrases sont au conditionnel. C'est un événement sans images, sans témoins, sans preuves tangibles. Le débat dure une bonne demi-heure. La bombe n'a en fait jamais existé. Mais sa non-existence n'ayant pas été établie, les reporters sont autorisés à en parler. C'est une autre conception du journalisme.

Les informations fantômes se multiplient sur la Fox. Les présentateurs sont impeccablement coiffés et fixent la caméra avec détermination tandis qu'une multitude de phrases et de chiffres défile sur l'écran. Cela semble professionnel, rigoureux, foisonnant. En regardant attentivement, on se rend compte de la vacuité des données, et de leur inclinaison politique. La Fox est républicaine et ses bulletins sont de petits spots propagandistes. De journalisme, il n'est jamais question. La manœuvre consiste à maintenir un climat alarmiste en prononçant à intervalles réguliers les mots « terrorism », « Al Qaida », « security ».

Andrew s'abreuve chaque matin de journaux télévisés. C'est devenu une drogue. Il regarde toutes les chaînes, compare la manière dont elles délivrent les informations, analyse ce qu'il voit et parvient ainsi à se forger une opinion. Contrairement à la majorité de ses compatriotes, il a les moyens de garder un regard critique.

VOTE NO! on PROP 200
NO on 200
VOTE TODAY NO 200

PLANT A BUSH in TEXAS
Kerry Edwards

Des sondages édifiants

Le suspens qui précède les résultats est alimenté par des estimations de vote. Les derniers bulletins télévisés avant le sprint final sont donc consacrés aux études comparatives en tout genre. On apprend ainsi que les personnes vivant près d'un supermarché Wallmart sont plus enclines à voter Bush, contrairement aux personnes habitant à proximité d'un Starbucks Coffee qui voteront pour Kerry. Ou bien que les consommateurs de ketchup sont plutôt républicains, alors que les amateurs de moutarde sont assez démocrates.

Poll watchers

Les élections se déroulent sous haute surveillance.
Le « litige » en Floride, il y a quatre ans,
reste un souvenir douloureux.

Les démocrates de Tucson ont décidé de prendre des mesures radicales. Des républicains ont déjà tenté d'effrayer des électeurs mexicains en débarquant dans des bureaux de vote et en proclamant que les non-Anglophones n'avaient pas le droit de donner leurs voix. Des centres de surveillance sont mis en place, les pollwatchers, à proximité des bureaux de vote. Le jour des élections, de six heures du matin à dix-neuf heures, des groupes de quatre volontaires démocrates se relayeront à chaque centre pour s'assurer du bon déroulement des choses. Ils ne peuvent ni s'approcher à moins de soixante-quinze pieds, ni pénétrer dans les bureaux de vote, et encore moins arborer de signe politique distinctif. Les électeurs peuvent s'adresser à eux pour tout renseignement. Si un incident survient, les observateurs dépêchent immédiatement un avocat sur les lieux. Un numéro d'urgence et un portable sont remis à chaque groupe.

Andrew et Amy font partie des pollwatchers. Comme de nombreux Californiens, Amy est venue pour soutenir les démocrates d'Arizona, et non pas simplement pour porter une robe le soir d'Halloween. La veille des élections, une grande réunion d'information réunit tous les volontaires de Tucson dans un amphithéâtre de la Faculté de droit. Ils sont une centaine, bien plus nombreux que prévu. Les organisateurs arborent le slogan « We have the right to vote » sur leurs t-shirts. D'épais fascicules sont distribués et des discours sont prononcés, relatifs aux instructions du lendemain. Un dogme est répété comme une litanie : « We are non partisan ». Les démocrates veulent se préserver de toute dérive politique. Comme à l'Eurovision, les délégations sautillent en levant les bras à l'annonce de leur ville. Une poignée de volontaires sont venus de Phoenix, une vingtaine de San Francisco. Plus les villes sont lointaines, plus les applaudissements sont enthousiastes. Philippe se lève et hurle « France ! ». Évidemment, personne ne peut faire mieux.

Un chanteur de folk est venu avec sa guitare pour soutenir le mouvement. Il a composé un hymne démocrate pour l'occasion. Le rassemblement prend des allures de Woodstock. La réunion dure une heure à peine. Les rangs se forment autour des listes d'attribution des centres. Le rendez-vous est pris pour le lendemain matin, à cinq heures.

Le jour J

Nous nous levons à quatre heures du matin
pour nous rendre au rassemblement.
La nuit est glaciale. Andrew a ressorti sa panoplie d'hiver.
Il est tendu et absorbe une dernière rasade
d'informations télévisées avant de quitter la maison.

Le point de ralliement est un petit bâtiment au bout d'un parking. Un défilé de voitures arborant toutes les variations des stickers kerristes arrive. Une foule grelottante s'amasse devant l'entrée du bureau. Certains volontaires, transis de froid, portent une cagoule. Cela ressemble à la réunion clandestine d'un groupement terroriste ou bien à une rave-party matinale. Des boissons chaudes et des bagels sont distribués, ainsi qu'un « kit pour pollwatchers » contenant des téléphones portables, des pancartes, des bulletins d'information. Une vieille dame aide son mari à enfiler un t-shirt « Élection protection » par-dessus son blouson.

Le bureau de vote attribué à Andrew et Amy est installé dans une chapelle, au sud de Tucson. Le ciel s'éclaircit, c'est l'aube. Quelques personnes attendent déjà devant le bureau fermé. Parmi elles se trouve un militaire. Le petit camp des volontaires s'installe. Chacun a emporté son mobilier de jardin et des vivres pour tenir le siège. On était plutôt habitué à voir ce genre de dispositif de surveillance dans des dictatures du Tiers-Monde. Le travail normalement dévolu à la police ou à l'ONU est rempli ici par une association de citoyens scrupuleux.

Il est six heures. Les portes de la chapelle s'ouvrent. Les premiers électeurs vont remettre leurs bulletins. Philippe et moi abandonnons lâchement le camp pour aller nous recoucher. Nous nous réveillons en fin de matinée. La ville est calme. C'est une journée ordinaire. Les habitants de Tucson tentent de ne pas spéculer sur les résultats, de ne pas imaginer que Bush puisse être réélu. Dans une boutique de vêtements vintage, la responsable nous montre un t-shirt confectionné par ses soins. En lettres de journaux découpés, est inscrit « If you vote Bush, you won't be able to see mine » : « Si vous votez pour la touffe (Bush),

vous ne pourrez plus voir la mienne. » Les bénéfices de la vente sont intégralement reversés au financement de la campagne de Kerry. Dans une librairie généraliste, des badges anti-Bush sont en vente à côté de la caisse, au milieu des gadgets et des sucreries.

Nous retournons à la chapelle en début d'après-midi. La température a remonté. Le siège prend des allures de pique-nique estival. Amy et Andrew sont accompagnés d'un couple de personnes âgées. Patricia a apporté son ouvrage, en prévision des longues heures d'attente qu'imposerait une telle journée. Elle est en train de tricoter une grande couverture qu'elle donnera à une association caritative s'occupant d'enfants maltraités.

Andrew s'est installé en face, à l'autre point d'observation. Le guet pourrait être presque agréable. La chapelle, située à la sortie de la ville, est entourée d'une chaîne montagneuse. À cette heure-ci de la journée, la lumière se réchauffe d'éclats orangés. Les électeurs de cette partie de la ville sont essentiellement mexicains, ce qui n'est pas pour déplaire à Andrew. Celui-ci me fait d'ailleurs remarquer la beauté d'un jeune flic à la peau cuivrée, impeccablement sanglé dans son uniforme.

Il ne reste plus que quelques heures avant les résultats. Près de l'université, les carrefours sont occupés par des groupes d'étudiants démocrates arborant des banderoles fait maison. Ils ont passé la journée là, se relayant régulièrement, invitant joyeusement les automobilistes à aller voter.
Une affichette sur la vitrine d'une boutique nous informe que la célébration du Dia de los Muertos est repoussée d'une semaine. Le hasard du calendrier veut que le jour de l'élection présidentielle soit précisément celui du Jour des Morts.

La soirée électorale

Joyce a organisé une soirée « élection présidentielle », avec buffet à déguster devant la télévision. Elle a invité quelques amis démocrates pour ce qu'elle espère être une célébration. Nous arrivons un peu en retard. Le dîner a été entamé et les visages sont déjà tendus.

Les amis de Joyce ont une cinquantaine d'années et ressemblent tous à des professeurs d'université. Andrew, Amy, David et Joanne sont silencieux. Chacun tient dans sa main une photocopie de la carte des États-Unis, à colorier en bleu ou en rouge selon les résultats donnés par la télévision. Cela ressemble à un jeu télévisé, un Eurovision politique. La tension est maintenue par la lente délivrance des points. À chaque État gagné ou perdu, les calculs des sièges sont effectués et les spéculations relancées. « Rien n'est joué », dit Andrew. Ses yeux se perdent sur l'écran télévisé où une carte montre la division du pays : les États ayant un littoral sont bleu démocrate, le centre du pays est gagné par le rouge des républicains. Joanne nous démontre qu'il ne faut pas s'affoler. Ce n'est pas la superficie de l'État qui importe, mais le nombre de sièges qu'il représente. Les grands états du centre ne représentent que quelques points, contrairement aux États des côtes Est et Ouest.

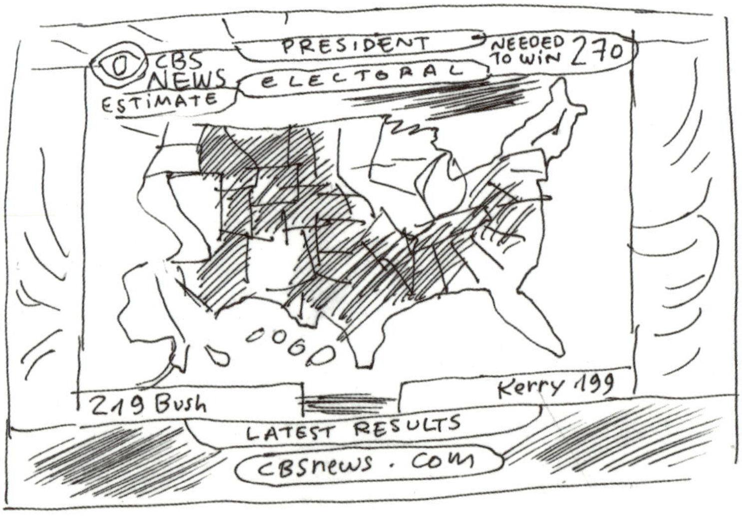

Le programme s'interrompt pour une page de réclames. Sur l'écran apparaît une étendue azuréenne, quelques montagnes impeccablement aiguisées. Cela ressemble à une publicité pour une assurance-vie ou pour une eau minérale. Luke se précipite soudain sur l'énorme poste de télévision. Un aigle royal, symbole des États-Unis, déploie ses ailes sur l'écran, ce qui rend le chien complètement fou. Celui-ci sautille pour être à la hauteur de l'image, grogne comme un fauve, déterminé à dévorer le volatile.

Andrew cesse de sourire lorsque l'émission reprend. Le camp des républicains a conquis tous les États du centre. Joyce et ses invités finissent de colorier leurs cartes et refont leurs comptes. La lutte est serrée. Les républicains devancent les démocrates de quelques points. « Tout dépend de l'Ohio », affirme Andrew. Je lis dans son regard qu'il n'y croit plus.

CBS NEWS
President
NATIONAL
51%
37.400.504
48%
35.353.600
PRES GEORGE BUSH
SEN JOHN KERRY
CBSnews.com
VOTE 2004
BUSH
237
51%
President ✓BUSH 62% KERRY 36%
Sunnyside School Board
ROBERTO S. JARAMILLO (I) 4,521 24%
ERIC W. GIFFIN (I) 3.227 17%

Il est près de minuit. L'Ohio est républicain. Il est inutile d'attendre la fin des résultats. Georges W. Bush sera de nouveau président. Dans le salon, personne n'ose croiser le regard de son voisin. Andrew reste silencieux. Un compte à rebours s'est déclenché. Dans quelques semaines, il prendra ses dispositions, règlera ses affaires, quittera Tucson. Joyce, en parfaite hôtesse, essaie de maintenir sa bonne humeur. C'est un réel effort. « Le monde entier va nous haïr encore plus, dit-elle. C'est pourtant injuste. Les États-Unis ont toujours fait pour le bien des autres pays, ils sont intervenus pendant la Seconde Guerre mondiale. Pourquoi le reste du monde nous déteste-t-il autant ? » Les autres sont trop fatigués pour entrer dans le débat. L'énergie qui les a mobilisés ces derniers mois s'est évaporée en quelques secondes.

David se lève péniblement du canapé. Ses gestes sont lents, il est comme assommé. « Je vous laisse, murmure-t-il. Je vais me coucher. » « Dis plutôt que tu vas pleurer en privé », plaisante Amy. David esquisse un sourire. Amy n'a pas tout à fait tort.
Joyce scrute les vestiges de son buffet. Les gâteaux sont à peine entamés. « Cela devait être une fête, s'attriste-t-elle. Prenez donc quelques morceaux de cake pour votre petit-déjeuner. » « Non merci, maman. » Andrew se dirige vers la sortie. Il est temps d'en finir avec cette journée.

Pat
&
Barbara

Barbara
dans
le
désert
—

Tu Pisses encore?

Et alors ? c'est marqué quelque part que c'est interdit ?
Tu pisses parce que tu passes ton temps à boire au lieu de rationner l'eau.
Je bois parce que j'ai soif ! J'ai soif parce qu'on est dans cet horrible désert et ça, c'était TON idée !
Pat ! Ne fais pas l'idiote !
Tu étais d'accord pour venir ici !
Je sais que c'est difficile.
Mais il faut y croire.
Et puis je t'aime...
Allez, on se remet en route ?

Hé!
Qu'est-ce que vous faites là ?
Ce n'est pas très prudent de s'aventurer comme ça dans le désert.
Moi, je n'ai rien demandé à personne!
Et ça là-bas, c'est quoi ?
Des oxymores !
?
Des drags queens Républicaines si tu préfères.
Bush
vote Bush

Et c'est quoi une drag queen républicaine ?
Imagine un serpent garçon qui passe son temps à se glisser dans la mue d'une serpent fille pour faire la nouba tous les soirs ...
... tout en se mordant la queue parce qu'il a peur de tout.
Eh bien ça ressemble à ça une drag queen républicaine.
Drôle de serpent...
ça doit pas être facile tous les jours...
Mmh.
Et tu les connais depuis longtemps ?
Depuis le jour où elles ont eu cette "magnifique" idée de coller leur Rimmel sur une vitrine...

Elle, c'est Pat.
C'est l'artiste.
Son truc, c'est Petula Clark.
Elle se produit une fois par semaine au Rainbow.
Ça fait marrer tout le monde parce qu'elle n'est pas très bonne.
Mais elle fait ça avec tellement de conviction que ç'en est charmant.

L'autre c'est Barbara. c'est elle qui porte la culotte.
Barbara a fait fortune en montant une boîte de housses pour téléphone.
Elle l'a revendue il y a un an ce qui leur permet maintenant de se la couler douce dans leur baraque de douze pièces.
Moi, c'est Luke. Je suis leur gosse.
Je n'ai rien demandé.
Et je n'ai surtout pas demandé à venir dans ce putain de désert !

Pat et Barbara sont Républicaines. Surtout Barbara. C'est l'idéologue.
Pat, elle est surtout amoureuse. À part ça, je ne crois pas qu'elle sache très bien quoi penser.
Et puis c'est vrai que ce n'est pas facile tous les jours...
Support our troo
vote Bush
Volunteers needed
Mmh... C'est à quel sujet ?
Eh bien... Nous avons entendu dire que vous aviez besoin de volontaires pour...
Nous n'avons besoin de personne !

Deux tequilas paf, paf !
On ne sert pas les Republicains ici !
Eddy !
Y'a du ménage pour toi !
616
Allez ! cassez-vous !
Et qu'on vous Revoie plus dans le coin !
Alléluia
Alléluia

Come to God
St Marco
Allélu....
St Marco
St Mar
Church

Nous sommes des monstres...
Nous sommes damnées...
C'était il y a longtemps maintenant... George W. était alcoolique et sa vie n'était que débauche.
Il faisait le désespoir de ses parents. George W. était damné. Mais c'est au plus profond de sa solitude que lui vint l'illumination.
George W. fut sauvé.
Le salut est une quête, Pat. Et le chemin se fait en solitude. Le buisson ardent n'est pas apparu à Moïse dans une permanence Républicaine ni dans un club gay, ni même dans une église !

Allons dans le désert.
Peut-être y rencontrerons-nous aussi l'illumination salvatrice.

On va MOURIR !
ça suffit Pat !
Aie confiance en notre Seigneur !
Il guide nos pas !
Aïe !
Aïeu !
folles !
Elles sont folles !
Paaat...
ouille !

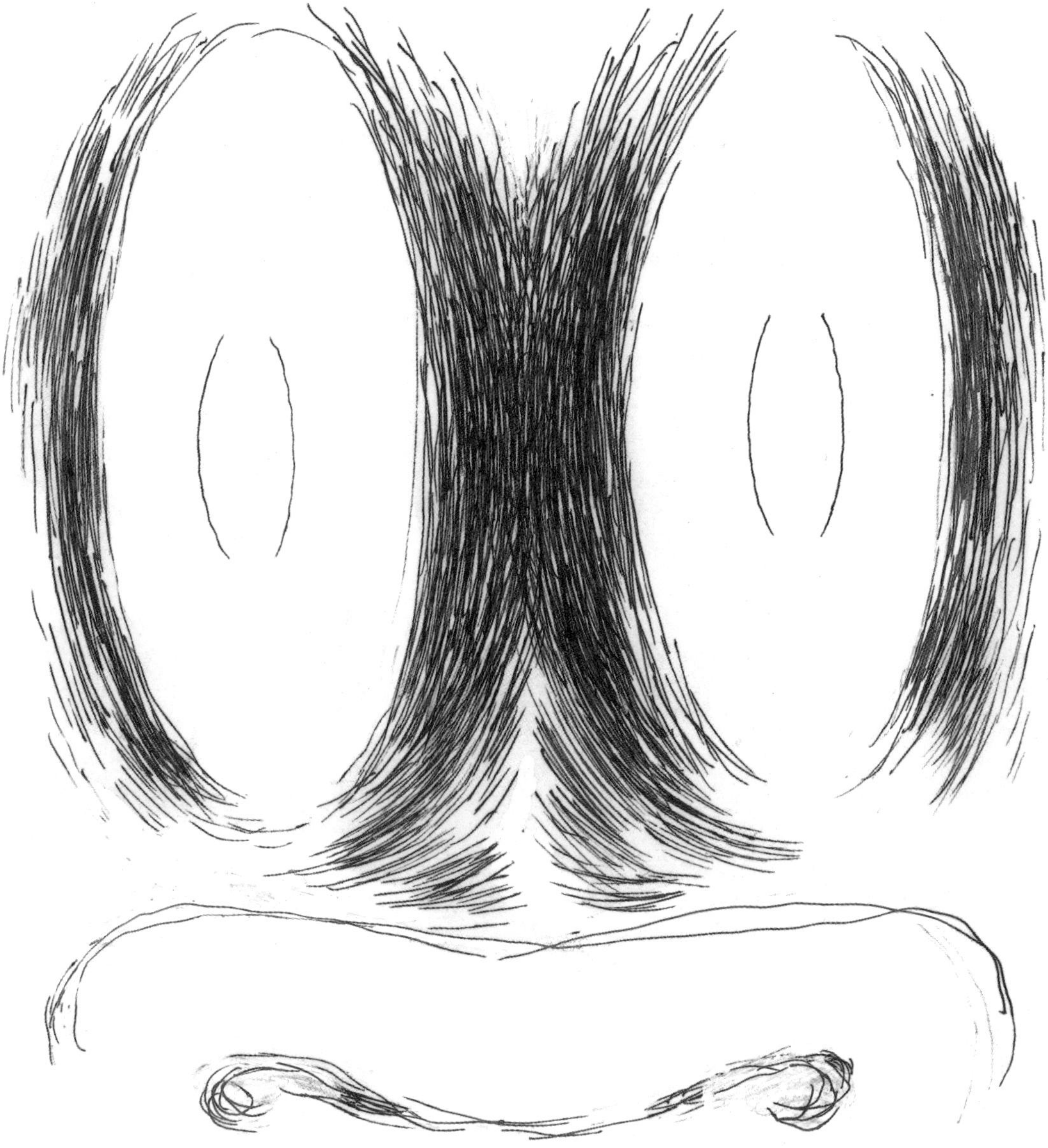

down-
town
everything's waiting
FOR YOU...
downtown
clap
clap
clap
clap
clap
clap
clap

Barbara, raconte-moi encore l'histoire de George W.
C'était il y a longtemps maintenant... George W. était alcoolique et sa vie n'était que débauche. Il faisait le désespoir de ses parents.
George W. était damné.
Vote Bush
Mais c'est au plus profond de sa solitude que lui vint l'illumination.
George W fut sauvé.
Tu piques !

Aïe!
Allez! Arrête de faire ta chochotte...
D'ailleurs, tu devrais en faire autant.

Si tu voyais ta tête! Tu en as bien besoin toi aussi...
C'est important de continuer à prendre soin de soi.
SSCRaatchh
Aïe!
Et voilà!
Maintenant, les jambes!
Folles!
complètement Folles!
SSCRRaatch...
Aïe

Barbara ? Quand et comment saurons-nous que nous sommes sauvées ?
Nous saurons. Il y aura un signe.
J'ai faim !
on a plus rien !
Et puis arrête de te plaindre, ça commence à me gaver !
Eh bien moi ça me plairait bien d'être gavée, tu vois...
J'ai faim !

Bonjour!
Bonjour.
Belle journée, hein ?
oui...
Belle ... journée.

Bon... Euh...
Au Revoir.
Viens!
C'etait un signe?
Non, une tentation! Mais si la tentation a été placée sur notre route, c'est bon signe...

Barbara ?
Barbara ?
?

Pat !

J'ai froid !
J'ai froid...
J'ai froid...

Allez, viens!
on va mourir !!

Luke?
Luke?
Luke?
Luke?
Luke?
Luke?
Luuuuke?
Luuuke!
LUKe!

Il s'est sacrifié pour nous, pour notre survie...
mmh...
Pauvre Luke, j'ai quand même mauvaise conscience...
Finir comme ça.
Allons, dis-toi qu'à l'heure qu'il est, il a gagné sa place auprès du seigneur.
En tous cas, il aura été bon jusqu'au bout...
Bon, et démocrate !!!
AAAAAH!

d… démocrate ?
pttouiii !
Ouais ! Démocrate !
vous êtes en train de bouffer du démocrate !

Ça devrait vous plaire mais qui sait, peut-être vais-je vous contaminer ...
Ah! Ah! Ce sera ma revanche sur toutes ces années durant lesquelles j'ai dû supporter vos simagrées...
Si vous saviez ce que j'ai pu en penser de vos grands airs, de vos bondieuseries ou de vos petits tourments de bourgeoises névrosées!
POUAH!!
Sur ce ...

Barbara... Tu ne trouves pas que les mexicains sont très séduisants ?
mmh ...
Tu sais, j'aimerais bien essayer de porter ces petits shorts en cuir.
Ah?
Tu veux dire à la maison?
Non, dans la rue.
Mon dieu !... Que nous arrive-t-il?

Ooooohh.
Mmmmmmmm.
Lick
Lick

Nous y voilà !
Allez, courage, il est temps de sortir. Et accrochez-vous, ça va secouer,

– Non Pat, concentre-toi !
Ceux-là tu dois les enlever et les remplacer par ceux qui ont un fond bleu.
Tu les prends dans ce paquet-là.

– Pourquoi ?

– Je ne sais pas.

– Barbara ?

– oui.

– Je t'aime.

Moi aussi je t'aime pat...
BUS
NO!
VOTE
DEM

STOP WAR
KERRY
vote
Women for KERRY
vote democratic
ARIZONA BLUE
Re-Defeat BUSH
Bush No
Vote Dem

La veuve démocrate

Le lendemain des élections,
nous prenons notre petit-déjeuner à « La Baguette ».

Norbert est affligé que « l'autre empaffé » soit réélu.
Les Français ne sont pas appréciés par les républicains.

Depuis que la France a exprimé sa désapprobation à propos de la guerre en Irak et le coup des *freedom fries*, Norbert est boycotté par certains de ses clients. Il nous montre une vieille dame assise dans un coin. Il nous dit qu'elle vient là tous les jours, à la même place. Elle est plus ou moins homeless. Elle n'a plus toute sa tête. Certains jours, elle peut raconter sa vie pendant plusieurs heures et, le lendemain, n'adresser la parole à personne. Elle aurait vu son mari se faire poignarder devant elle. C'est une farouche démocrate depuis plusieurs années. Ce matin, premier jour après la réélection de Bush, elle ne prononce pas un mot.

Amy retourne à San Francisco. Elle y retrouvera sa compagne, son vélo, son quotidien. Sa vie sera la même qu'avant les élections, même si l'avenir semble plus incertain. Amy garde le sourire, ne veut pas montrer son amertume. Elle a certainement toujours fait ainsi. Et concernant les élections, elle n'aura pas le regret de n'avoir pas agi jusqu'au bout.

Andrew reçoit sur sa boîte mail une carte des États-Unis. Les côtes Est et Ouest et quelques États du Nord sont coloriés en bleu démocrate. Le reste, c'est-à-dire tous les États du centre et du Sud, forment une grande tache rouge sur laquelle est marqué « Jesusland ».

Rome deux minutes avant sa chute

Andrew s'est rendu
à un déjeuner réunissant
d'anciens étudiants de Yale.
À une table se trouvaient
des personnes d'une promotion
antérieure à la sienne,
celle qu'avait intégrée
George W. Bush.

Celles-ci se souvenaient de W.
comme d'un fils à papa,
coureur et alcoolique.

Qu'il soit devenu président
des États-Unis les effarait.

Andrew se sent sale. Il veut passer quelques jours avec son ami Fred à Washington, là où Kerry a recueilli 90 % des voix. Il veut « prendre un bain de démocrates » pour se laver. Pour l'heure, il ne peut que tenter de se changer les idées. Il veut nous montrer le lieu le plus absurde de Tucson : le AJ's, centre commercial pour riches situé dans « La Encantada », une parcelle de désert particulièrement splendide.

C'est en effet au pied des montagnes, dans un énorme bâtiment de style hispanisant où température, hydrométrie et lumières sont scrupuleusement réglées, que s'est établi un véritable culte de la consommation de luxe.

Le parcour débute avec des articles de décoration faussement authentiques, tout de cordelettes et de paille enrubannés, aux étranges connotations provençales. Ici, le gage de qualité se traduit par l'influence du terroir méridional.
Nous arpentons le supermarché comme on visite un musée. Le rayon fruits et légumes est aussi opulent et ostentatoire qu'une nature morte académique. L'utilisation intensive des OMG a donné aux fruits des teintes parfaites et des volumes gargantuesques. Je m'étonne de voir des prunes pousser en grappes. Andrew me précise qu'il s'agit de raisins. Les étagères croulent sous des produits d'épicerie fine aux emballages raffinés. Dans une petite pièce à la fraîcheur savamment calculée, est exposé un choix pointu d'alcools et de

cigares aux prix exorbitants. Philippe et Andrew jouent aux nababs intéressés et goûtent quelques verres de vins californiens à l'œil. En comparaison, le Dean et Delucca de New York fait figure de grande surface prolétaire. Andrew nous explique qu'un ghetto de riches s'est formé à Tucson, qu'il s'est établi sur les hauteurs, en-dehors de la ville, et que ses habitants ne conçoivent pas l'idée de faire leurs courses dans un supermarché ordinaire, avec les pauvres. Le AJ's est un éden glacé, une oasis décadente réservée à une poignée de privilégiés. Il est comme un instantané d'un fantasme consumériste, une vision paroxystique du luxe confinant au kitsch et à la caricature. Andrew appelle cet endroit « Rome deux minutes avant sa chute ».

Il y a donc bien un esprit républicain à Tucson. Le AJ's en est l'émanation directe.

Nous prenons un verre sur la terrasse impeccable qui offre une vue imprenable sur les collines. Le mobilier en fer forgé et les fontaines murales en fausse pierre vieillie nous font penser que l'équipe de décorateurs affectionne le style « riche Sicilien » du *Parrain II*. Andrew se plonge dans le journal, histoire de reprendre contact avec la réalité. Une photo du QG républicain de Tucson montre les supportrices de Bush exultant à l'annonce des résultats. Nous y reconnaissons la responsable et son brushing, grimace victorieuse aux lèvres, levant triomphalement ses poings tout en serrant les coudes sur ses côtes.

L'ancêtre

> Andrew nous propose une dernière promenade dans le désert.
> Il tient à nous montrer quelque chose de spécial.
> La dernière fois qu'il nous a proposé cela, nous nous sommes retrouvés à l'orée de la ville, dans un club rempli de travestis mexicains.
> Mais selon lui, ce que nous verrons aujourd'hui est différent.

Il nous emmène dans un nouveau lieu. Nous ne recroiserons pas de cow-boy nu au bord de la rivière. Nous passons chercher Luke chez Joyce. Pendant le trajet en voiture, celui-ci consume sa frénésie en arpentant encore mes cuisses. Andrew nous emmène dans un endroit plus isolé que le précédent. Il a comme une impatience à quitter la ville et ses démons. Il compte sur le désert comme traitement curatif.

Nous laissons la voiture au pied d'une colline et empruntons une ancienne route serpentant entre les rochers. C'est une large voie creusée dans le roc, tapissée de cailloux acérés, surgie de nulle part. Cela ressemble à une rivière pétrifiée, un flot de sel. Autour, des cactus de toutes tailles ont envahi la plaine, empêchant tout passage.

Au bout de la route s'élève une maison sans toit. Quatre murs percés de fenêtres encadrent un rectangle de ciment. Au-dessus de nos têtes, le soleil au zénith bombarde les ruines d'une lumière écrasante. La maison est dans l'épicentre de la chaleur. Le propriétaire ambitieux a manqué de courage. Le chantier est interrompu depuis de nombreuses années. Lutter contre le désert est une entreprise vaine. L'homme n'est ici que de passage.

La piste suivante est à peine tracée, les branches aiguisées des buissons arides ferment le passage. Luke sautille imprudemment d'une pierre à l'autre. Le sol brûlant l'oblige à un piétinement intempestif. Nous nous engouffrons dans un vallon cerné de hautes falaises écorchées. La piste s'est réduite à un sillon de roche nue. Luke tente une percée, ignorant les jeunes cactus affleurant au ras du sol. Il sursaute soudain, pousse un gémissement suraigu. Nous accourons vers lui. Un moignon hérissé d'épines s'est encastré sur son ventre, ses pattes sont traversées d'aiguilles. Andrew détache le moignon criminel à l'aide de deux brindilles. Luke tressaille de douleur lorsque nous ôtons les épines de ses coussinets. Nous marquons une pause, nous assurant que notre petit Jésus se porte bien.

Un peu plus loin, Andrew scrute les flancs des falaises. « C'est là ». Du doigt, il désigne un point situé à une vingtaine de mètres du sol. L'ascension est aisée, la paroi offre beaucoup d'aspérités. Luke trouve son chemin plus rapidement que nous. Andrew regarde plus haut, vérifiant que nous restons sur la bonne trajectoire.

Le point d'arrivée est un amas de rochers surplombant le vallon. Une petite cavité est nichée dans la falaise, invisible de la piste en contrebas. « Regardez à l'intérieur », dit Andrew. Le trou est étroit, haut de la stature d'un homme. Au fond, une niche concave est couverte de petits dessins, une constellation de silhouettes animales. C'est une fresque chamanique effectuée il y a 5 000 à 10 000 ans. Les contours sont demeurés étonnamment nets, les formes sont d'une beauté incroyable. Philippe et moi sommes impres-

sionnés et tremblants, comme si nous contemplions la naissance du monde.

Nous nous asseyons tous au bord de la grotte, regardons les collines sauvages, inchangées depuis des siècles. Le paysage doit être tel que l'a vu l'auteur des dessins. Nous nous imaginons vivre ici, avec un peu d'herbes sèches pour nous allonger au fond de la cavité, à nous nourrir du panorama et passer notre temps à recouvrir les rochers de dessins. C'est une perspective apaisante. Elle a l'avantage de nous faire oublier les quatre prochaines années que nous aurons tous à subir.

Un avion militaire traverse le ciel. Un vrombissement assourdissant se répand sur la vallée. Nous nous remettons en route.

La revanche des Indiens

Ce soir a lieu la première d'un film
réalisé par un cinéaste amérindien.

Joyce vient nous chercher. Elle est friande de sorties.
Elle nous parle d'une comédie musicale avec des travestis
qui fait un tabac aux États-Unis et qu'elle a adorée.

Le cinéma où a lieu la projection est un somptueux bâtiment des années 20. La salle, tapissée de velours cramoisi, ressemble à un vieux théâtre aux ors éteints. Nous n'avons jamais vu autant d'Indiens. L'Arizona est situé en territoire navajo mais avant ce soir nous pouvions compter sur les doigts d'une main les rares natifs que nous avions rencontrés. L'un d'eux exposait au nord de Flagstaff d'énormes sculptures de dinosaures vert pomme. Un autre fut le seul à nous venir en aide à une station-service, au bord de la route 66. Le reste du temps, ils échappent à nos regards. D'après Andrew, ils reconstituent un État dans l'État, fréquentent leurs écoles, leurs hôpitaux, ont fondé leurs villes.

La salle est pleine. Les jeunes Indiens sont avides de reconnaissance. Après avoir été montrés pendant un siècle comme les ennemis primitifs du monde civilisé, ils peuvent enfin voir un film qui leur ressemble. « Par manque de mythes ou de traditions, les Américains conçurent leur héros comme relevant strictement de leur monde. Ils ont choisi ou créé des héros à leur propre image. »(7) Ainsi, la littérature populaire, le théâtre puis le cinéma ont forgé les mythes fondateurs de l'Amérique, dont les natifs étaient les éternels parias. Des générations d'Amérindiens ont grandi au sein d'une société qui niait leur existence ou leur renvoyait une image pervertie d'eux-mêmes. Jusqu'à la présidence de Richard Nixon, leurs langues et leurs pratiques religieuses étaient interdites. Ils ont vécu à l'intérieur de leurs propres terres comme des exilés, privés de moyens d'identification.

Des massacres perpétrés au XIXe siècle par les colons, ne subsiste que 2 500 000 Indiens, répartis en 562 tribus. Constituant 1% de la population américaine, ils sont particulièrement touchés par l'alcoolisme et le chômage. Certainement, leur propre mise à l'écart délibérée a-t-elle pour but de restaurer leur identité, de sauver leurs reliques culturelles.

Edge of America est l'histoire d'une équipe de basket féminine et indienne. Le film n'est pas un chef-d'œuvre mais s'avère efficace. Il donne à réfléchir sur la problématique de la jeunesse amérindienne déchirée entre traditions ancestrales et monde moderne. Cette contradiction identitaire et sociale imprègne la nation amérindienne. Dans une interview, l'écrivain indien Sherman Alexie déclarait : « Avant d'être écrivain, j'étais déjà marginal. Je suis né dans un monde stigmatisé par l'échec. (…) Sur la réserve, j'étais juste bon à devenir un loser alcoolique asocial et violent. J'ai du talent, mais je suis chanceux. Certains jours, je me sens plus chanceux que talentueux. Sur ma réserve, je connais pas mal de gosses ambitieux, intelligents. Ils n'ont pas croisé la chance. Ils ont pour moi admiration et haine. Cela me culpabilise. Quand je roule dans Seattle à bord de ma grosse voiture, que je regarde les SDF, je me dis que ce sont peut-être mes cousins. Je vis dans deux mondes à la fois. Je reçois deux genres de coups de fil : l'un m'informe que le New Yorker va publier un de mes textes, l'autre, de ma famille, m'annonce que mon cousin est en taule pour violences. »

Depuis peu, les hommes politiques s'intéressent au poids électoral que représentent les Amérindiens. Les démocrates se sont rapprochés d'eux dès le début de la campagne électorale. « Enfin, nos voix importent ! s'étonne la romancière Louise Erdrich, née d'un père allemand et d'une mère ojibwé. Les démocrates se sont rendus compte après certaines élections locales, en particulier dans le Dakota, que nous pouvions influer sur les résultats. Et ils se sont engagés à faire respecter les traités signés au XIXe siècle, dont la valeur constitutionnelle a été reconnue, mais que les républicains ont tenté de mettre en cause. En outre, nous n'oublions pas que le premier président américain en exercice à s'être rendu sur une réserve est Bill Clinton, en 1999. »

À la fin du film, la salle fait un triomphe au réalisateur, Chris Eyre. Celui-ci se montre jovial et généreux d'explications. Il sait l'importance de son intervention pour sa communauté. C'est une figure emblématique. Il permet enfin à la population amérindienne de quitter son état d'invisibilité pour réapparaître à la surface de l'écran, dans un rôle autre que celui de bourreau ou de victime.
Il nous semble être au début de quelque chose. C'est la première impression agréable que nous ressentons depuis l'annonce des résultats présidentiels.

Au revoir à Brek

Philippe et moi empruntons l'une des voitures d'Andrew pour faire un dernier tour en centre-ville. Nous entrons dans le Urban Outfitters. Brek est penché sur un étal, rangeant consciencieusement un lot de vêtements. Nous nous approchons de lui. Il nous sourit et nous prend dans ses bras. Sur son visage, la marque du coup donné par Andrew a disparu. Nous venons lui dire au revoir. Il dit être content de nous voir une dernière fois. Il a voté pour Kerry et est déçu que Bush ait gagné. Nous lui demandons ce qu'il compte faire ces prochains mois. Il ne voit pas de changement dans sa situation. Il continuera à travailler chez Urban Outfitters.

Liz

En fin de journée,
nous prenons un verre
à une terrasse ombragée.
David vient nous rejoindre
avec une amie, Liz.

Liz a une vingtaine d'années,
une silhouette délicate.
C'est la première jolie fille
que nous rencontrons à Tucson.

Mais il est vrai
que ces derniers temps
nous avons surtout
fréquenté le quartier gay
et que les seules femmes
que nous avons côtoyées
étaient des hommes.

Liz s'est installée à Tucson il y a quelques mois. Elle travaille chez un antiquaire, elle s'occupe de l'encadrement d'affiches de collection et de photographies anciennes. Cette activité la passionne mais ne lui permet pas de subvenir à tous ses besoins. Comme beaucoup de gens, elle devra trouver un second emploi. Avant de s'installer à Tucson, Liz a vécu un an à Phoenix. Elle décrit ce séjour comme une expérience cauchemardesque. Elle se demande encore comment elle a pu y survivre.

Liz a grandi en Alaska, ce qui ne l'a guère préparée à cet enfer. Elle garde de son enfance un souvenir inouï. « Les États-Unis recèlent des paysages spectaculaires, mais je n'ai jamais rien vu qui soit comparable à l'Alaska. Les montagnes de glace sont gigantesques. On se sent complètement écrasé par l'immensité. Tout est blanc et aveuglant. La lumière est surnaturelle. C'est une région incroyable. Malheureusement, dans quelques années, tout

sera saccagé. Le lieu où j'ai grandi n'existera plus. » Le visage de Liz s'assombrit.
L'Alaska, territoire acheté à la Russie en 1867, est une presqu'île de 1 527 464 km^2. Depuis 1923, une zone de 10 millions d'hectares est ouverte à l'exploitation pétrolière, la "National Petroleum Reserve-Alaska". Outre ses sous sols riches en or, argent, cuivre, houille, pétrole et gaz naturel, l'Alaska protège également un « trésor national », l'Artic National Wildlife Refuge (ANWR), réserve de 200 000 hectares protégée depuis 1960, qui constitue l'un des derniers espaces totalement sauvages de la planète. Les 210 habitants du village esquimau de Kaktovik, vivant essentiellement de pêche et de chasse, en constituent la seule présence humaine. La calotte glaciaire qui recouvre ce désert blanc abrite une faune très spécifique. L'équilibre qui y règne est extrêmement fragile.

À quatre reprises, les républicains ont tenté d'ouvrir l'ANWR aux forages, mais les démocrates et les écologistes sont toujours parvenus à rejeter les propositions. À présent, George W.Bush est déterminé à effectuer un forage pétrolier sur la plaine côtière, dans le cadre de sa politique énergétique. « Un approvisionnement national stable en énergie est important pour la sécurité et la prospérité de l'Amérique. Ce projet permettra à l'économie de continuer à croître en créant des emplois et en assurant la croissance des entreprises. Cela permettra de diminuer jusqu'à un million de barils par jour la dépendance des États-Unis par rapport aux sources d'énergie étrangères » a-t-il affirmé dans un communiqué. Or, les économistes estiment que l'ouverture de l'ANWR aux forages n'aura qu'une infime incidence sur le prix de l'essence. Et les géologues évaluent les réserves de l'ANWR comme insuffisantes pour subvenir aux considérables besoins en pétrole des États-Unis.
Outre les perturbations sur la population et la faune locales, avec à long terme l'extinction de plusieurs espèces animales, le réseau d'oléoducs, les routes, les pipelines auront pour conséquence l'accélération du réchauffement planétaire.

Nous ne verrons jamais l'Alaska comme le pays des glaces décrit par Liz. Dans quelques années, il n'en restera qu'une flaque d'eau sale.

Les derniers rayons de soleil s'estompent. Sur les grandes avenues transversales, la circulation est toujours aussi dense, les montagnes n'ont pas bougé, la lumière du soir frappe toujours leurs crêtes d'une lumière incandescente. Rien ne distingue ce jour des précédents, excepté la torpeur qui a assailli la ville et ses habitants. La lassitude a pris le pas sur le reste. Plus qu'une déception, c'est une blessure.

J'ai l'impression d'être en Allemagne en 1933. Nous devons nous préparer à vivre des années sombres.
Il faut partir. Nous n'avons plus rien à attendre de ce pays.
Oui, partons pendant qu'il est encore temps. Le plus simple sera le Canada.
Les démocrates qui en ont les moyens vont émigrer en masse. Les autres resteront et serreront les dents.
Ou alors, ils résisteront. Il y a peut-être un moyen pour les citoyens démocrates de faire pression sur les Républicains. Ils peuvent boycotter certaines entreprises, arrêter d'alimenter le parti comme ça. Puisque les Républicains possèdent certaines compagnies pétrolières, vous pouvez éviter de faire le plein dans leurs stations services. Il y a peut-être une carte à jouer comme ça.
Il n'y aura pas de révolution aux États-Unis. Même si c'est une oligarchie et que le fossé entre riches et pauvres est indécent. La révolution russe a eu lieu parce que les Russes n'avaient rien à perdre, ils n'avaient pas de rêves, pas d'espoir. Les Américains ont la télévision. Ils peuvent espérer une vie meilleure. C'est le rêve américain qui enlève toute tentation de se révolter.
Je partirai d'ici dès que je pourrai.

Malgré tout, nous essayons de passer une bonne soirée. David nous invite chez lui et nous joue un morceau de Debussy au piano pendant que nous buvons un verre. Nous allons ensuite faire quelques parties de billard dont Liz semble être une experte. Elle donne des indications techniques très précises sur les trajectoires des boules et les angles de leurs rebonds. Elle place son corps et positionne ses mains avec la précision d'une danseuse classique. Andrew et David sont moins gracieux mais s'avèrent redoutables. Ils nous battent à plate couture et savourent leur victoire. C'est plaisant d'être les vainqueurs, pour une fois.

Nous terminons la soirée à la table d'un restaurant mexicain, installé au bord d'une route. Quelques meubles de jardin en plastique sont posés entre deux caravanes faisant office de cuisines. Nous commandons quelques tortillas que nous dévorons sur le coin d'une table grasse, en regardant passer les voitures et en profitant de la fraîcheur de la nuit. C'est le meilleur repas que nous faisons de tout notre séjour.

Au moment de nous dire au revoir, David quitte sa réserve et nous prend longuement dans ses bras. « Quand vous rentrerez en France, dites à tout le monde que nous n'avons pas tous voté pour Bush. Nous ne sommes pas tous comme ça. Nous non plus nous ne l'avons pas voulu. » Dans les yeux de David, nous pouvons sentir le poids des quatre prochaines années qui résonnent comme une incarcération, et la folle envie de nous suivre. Il me semble que le pays est touché par une épidémie foudroyante, que Philippe et moi fuyons pendant qu'il est encore temps. Ce ne sera qu'un répit. Il serait naïf de penser que le prochain mandat de Bush n'aura d'incidence qu'à l'intérieur des États-Unis.

Andrew s'en sortira, comme d'habitude. Liz a l'air d'avoir de la ressource. J'espère que Debussy protègera David de ses peurs et de son désarroi.

David

Un rêve

Nous partons en vacances sur une plage déserte. C'est la nuit, la plage est immense et sauvage. Des amis sont venus avec un catamaran accroché à leur voiture. Nous nous baignons au clair de lune sans nous soucier des requins. Loin devant nous, la côte scintille. Un an plus tard, nous retournons à cette plage. La côte d'en face a avancé. Une rangée de buildings se dresse à quelques mètres de notre plage. La mer s'est réduite à un couloir d'eau boueuse. Les nouveaux arrivants nous disent que l'on peut toujours se baigner et que cela ne change rien.

Une bonne coupe de cheveux

Nous rendons visite à Larry dans le salon de coiffure où il travaille quelques jours par semaine. Après la visite du AJ's et la balade dans le désert, Andrew mise sur une nouvelle coupe de cheveux pour se remonter le moral. Larry a gardé sa bonne humeur et a revêtu ce matin une chemise particulièrement pimpante. Il nous montre sa collection de chaussures miniatures qui trône sur un présentoir, nous offre un donut au chocolat remarquablement nourrissant. Larry est affligé par la situation politique mais reste optimiste. Les résultats des élections ne changeront pas sa vie. Celle-ci sera tout aussi difficile mais Larry dispose de bons dérivatifs. Il continuera à être Lucinda Hollyday la nuit, fabriquera d'autres bijoux, peaufinera son projet de commerce de viande rouge.

NO
STOP U.S. IMPERIALISM
RESISTANCE IS FERTILE THINK OUTSIDE OF THE BOMB
BU$H CHENEY +MORE WARS
OF
Cat
TRI TOUR
Post Election March

La fin de toute chose

Le dernier soir, l'envie d'acheter un stock
de pellicules Polaroïd au Wallgreen's me prend brutalement.
Andrew m'y accompagne.

Dans la voiture, il me parle de Brek. Il espérait que quelque chose se construise entre eux. Brek est victime de son immaturité, mais Andrew misait sur la patience, espérait que leur relation tiendrait suffisamment longtemps. Il voulait croire qu'après le chaos et l'incertitude s'installerait un équilibre. Mais cela ne s'est jamais amorcé. Et les élections ont donné le coup de grâce à leur histoire. Andrew s'efforce de sourire mais le bilan est amer. La réélection de Bush a réduit à néant son investissement politique, ses espoirs, son couple.

La vendeuse du Wallgreen's nous reconnaît. Elle sourit. Nous interrompons sa longue attente nocturne. Elle me remet les dernières pellicules de son stock. Je lui tends quelques dollars. Elle me rend la monnaie. Je la remercie. Cela est déjà familier, presque le début d'une relation. Elle nous raccompagne encore jusqu'à la sortie, nous fait un dernier signe de la main. A-t-elle voté Bush ou Kerry ? Peut-être est-elle restée chez elle le jour des

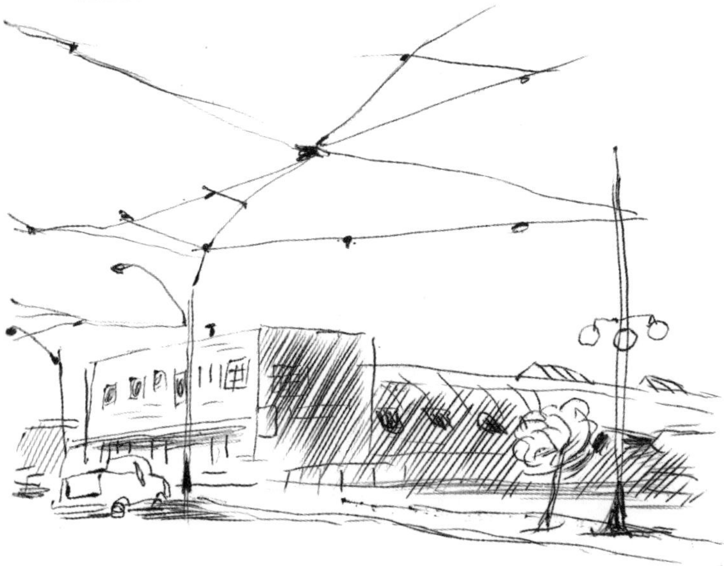

élections, pour se reposer de ses nuits de travail. Peut-être la politique l'indiffère-t-elle, elle qui doit encore se préoccuper de sa propre survie. Nous ne pourrions lui en vouloir. Sur son visage se lit la fatigue d'une certaine Amérique, celle au bord du gouffre, en équilibre précaire entre misère et dignité. Il est difficile de leur en vouloir de quoi que ce soit.

Au petit matin, le dernier petit-déjeuner a lieu dans un Starbucks Coffee. Andrew, Philippe et moi avançons comme trois zombies. Le ciel est laiteux, l'air tiède et sec. Tout semble dilué. Les muffins aux cranberries n'ont plus aucune saveur, les cafés sont comme de l'eau chaude. Même nos paroles n'ont plus de consistance. Tout a déjà été dit. Ce moment ne compte pas. Nous devons le laisser filer aussi vite que possible, nous dire au revoir sans nous appesantir, ne pas nous retourner. Il nous tarde de passer à autre chose, vivre autre chose, et nous revoir à nouveau, plus tard, avec beaucoup à raconter.

Dans l'avion qui nous ramène en France, je repense à un documentaire télévisé sur les moines Shaolin en Chine. Certains étaient encore en activité. Ce n'étaient pas des justiciers solitaires, ils vivaient pauvrement sur des montagnes et n'avaient pas de physiques de cinéma. L'un d'eux était un quadragénaire bedonnant qui enseignait la technique du kung fu à de jeunes disciples. D'après lui, il est inutile d'essayer de résister à une agression en se raidissant. Un corps trop rigide se brise comme du verre au moindre heurt. Il faut, au contraire, ne rien opposer à la force du coup pour pouvoir l'éviter. Être souple. Le précepte s'avérait efficace, les jeunes disciples titubaient sous les assauts de leur maître tandis que celui-ci esquivait les leurs d'un gracieux jeu de jambes. Je sais qu'après la nausée, Andrew retrouvera sa souplesse. Je lui donne quinze jours et quelques heures de marche dans le désert pour retrouver le moral.

Les seuls démocrates de Tucson qui conservaient un optimisme inentamé au lendemain des élections étaient les drag queens. À l'instar de Larry, Andy et Billy affichaient un détachement salvateur. Ils sont aguerris aux compromis. Leur quotidien est fait de contraintes depuis des années. L'élection de Kerry n'y aurait rien changé, l'élection de Bush ne les accable pas. Ils disaient n'avoir aucune tentation de quitter les États-Unis. Ils ne connaissent que l'Arizona, qu'iraient-ils faire ailleurs ? Résister au monde qui les entoure fait partie de leur vie. C'est devenu une faculté naturelle. Ils n'y songent plus comme à un combat. Lucinda, Veronika et Janee savent terrasser leurs angoisses, renvoyer la violence des coups, trouver la force de résister. Peut-être sont-elles comme les moines Shaolin qui répondent à la brutalité par la grâce. Peut-être sont-elles les nouvelles héroïnes de notre temps, les flamboyants garants de notre liberté.

Je revois Janee Starr se déhanchant triomphalement dans son costume de Wonderwoman, des effluves de bonheur m'envahissent brutalement. Tant qu'elle dansera, quelque part aux États-Unis, rien ne sera complètement perdu. Le jour où les drag queens disparaîtront du sol américain, sommées de vivre une existence convenue et hétérosexuelle, il sera trop tard. L'antidote à George W. Bush, c'est elle, Janee Starr, reine de Tucson, sublime, affranchie, victorieuse, Janee Starr et son sourire en feu d'artifices, sa chevelure dardante, ses jambes plus vertigineuses que le Grand Canyon.

Loo
&
andrew

(1) *cf. Télérama n°2858*
(2) *cf. Yves Lacoste, "Les États-Unis et le reste du monde", Hérodote n°109*
(3) *cf. National Geographic, mai 2004*
(4) *Aristote, La Rhétorique*
(5) *Jean-Pierre Vernant,* Les Origines de la pensée grecque
(6) *Raymond Loewy,* La Laideur se vend mal
(7) *B. A. Botkin,* A Treasury of American Folklore

Citations p. 3, 35, 41, 160 : Télérama n°2857
Citations p. 35, 36, 39 : interview dans Paris Match
Citation p.46 : Télérama n°2771
Citation p.72 : interview dans Paris Match
Citation p. 160 : propos tenus au festival America de Vincennes

Références bibliographiques

La laideur se vend mal, Raymond Loewy, Gallimard
La grande aventure du western, Jean-Louis Rieupeyrout, Ramsay
La rhétorique, Olivier Reboul, PUF
Lipstick Traces, Greil Marcus, Allia
Mythes et masques : les fantômes de John Carpenter,
Luc Lagier & Jean-Baptiste Thoret, Dreamland éditeur

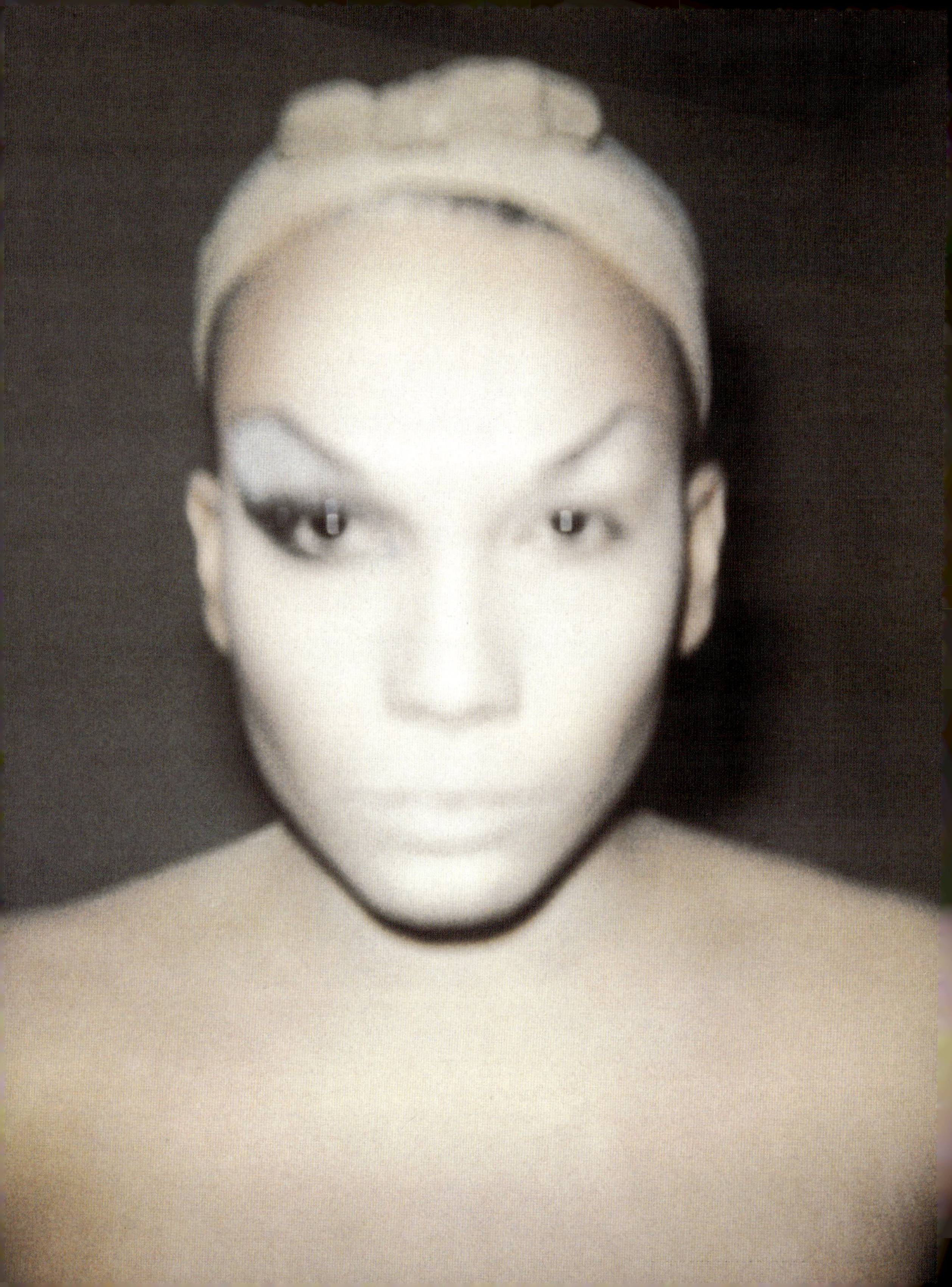

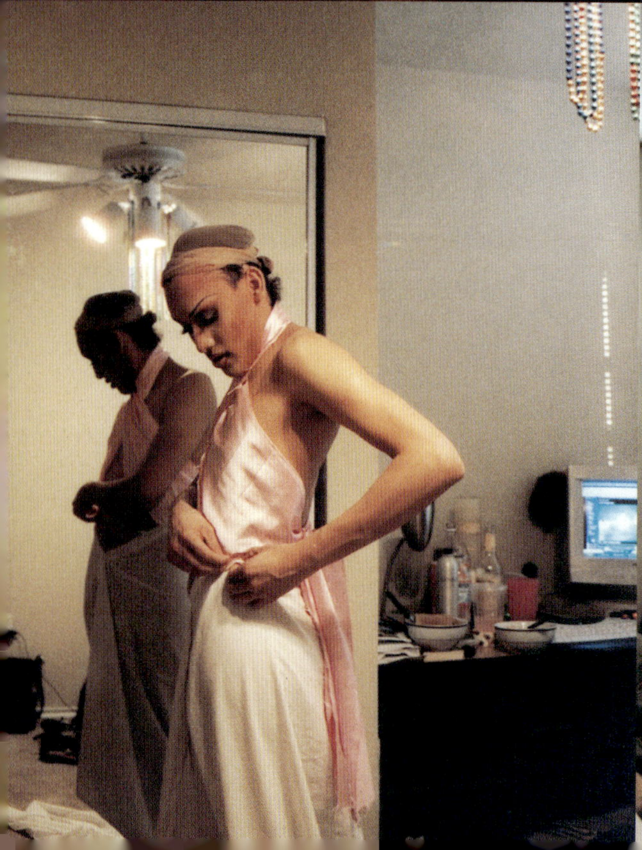

WESTERN HILLS
MOTEL
RESTAURANT
jiffy lube
VACANCY

Village Inn
Restaurant

HBO
66
MOTEL

CIRCLE Q
WES' ERN
EAR
FRONTIER
MOTEL
WESTERN WE

The MUSEUM CLUB
ROUTE 66
TONIGHT
ROBERTSON
COUNTY
BAND

MOTEL
AUTO LODGE motel
FREE
CABLE TV
36 CHANNELS
DIR. DIAL
PHONES

FLAGSTAFF
MOTEL
2204 EAST ROUTE 66
WEEKLY
LOW RATES
CLEAN ROOMS
REMOTE CONTROL
TELEVISION
FREE IN ROOM
HBO & ESPN
MIN
MAX

Restaurant
The Crown Railroad Cafe
OPEN 7 DAYS A WEEK
BREAKFASTS
LUNCHES
DINNERS